조선후기 호조 재정정책사

2

박소은 | 고려대학교 한국사학과 졸업, 고려대학교 대학원 사학과 한국사전공 석사·박사 졸
업, 현재 고려대학교 강사

논 저 | 「17·18세기 戶曹의 倭館收稅策 변화」(『조선시대사학보』, 2000.9), 「17·18세기 호조
의 銀 수세정책」(『한국사연구』, 2003.6), 「17세기 후반 호조의 재정수입 확보책」(『조
선시대사학보』, 2004.12)

조선후기 호조 재정정책사

박 소 은 지음

2008년 4월 28일 초판 1쇄 발행

펴낸이·오일주
펴낸곳·도서출판 혜안
등록번호·제22-471호
등록일자·1993년 7월 30일

㉾ 121-836 서울시 마포구 서교동 326-26번지 102호
전화·3141-3711~2 / 팩시밀리·3141-3710
E-Mail hyeanpub@hanmail.net

ISBN 978 - 89 - 8494 - 344 - 5   93910

값 18,000 원

조선후기 호조 재정정책사

박 소 은

혜안

책을 내며

'도대체 세상이 어떻게 돌아가고 있는 걸까'

적어도 초등학교 3학년 때부터 시작되었던 걸로 기억하는 이 의문은 내가 한국사학과로 대학을 진학하고 석사과정을 거쳐 박사과정을 마치게 한 가장 최초의 그리고 최후의 동력이었다.

정말로 뭐가 뭔지 모르겠다는 생각을 했었다. 너무 궁금해서, 파헤쳐보지 않을 수가 없었다. 말 그대로 전력을 다해 뛰어든 공부였다. 그러한 오랜 물음에 대한 결과가 이 책 한 권이다.

대학교 1학년에 들어가서, 좀 더 구체적인 의문에 시달렸는데 그건 '민족'이라는 단어였다. '민족이 과연 있을까 없을까, 있다면 언제 형성된 것이며, 없다면 어떻게 그것을 증명할 수 있을까'라는 질문을 대학 내내 머리 뒤에 무겁게 매달고 다녔고, 그것이 결국 나를 조선후기사로 몰아넣었다. 근대가 시작되기 바로 전의 전근대, 그 때만 잘 안다면 민족의 유무를 비롯해 내가 알고 싶어 하는 모든 의문이 다 풀릴 것만 같았다.

그렇게 시작된 조선후기사 공부다. 석사과정에 들어가서 내 전공분야를 경제사로 정했다. 그 중에서 경제에 대한 국가의 정책에 관심이 갔다. 경제사로 발길이 닿기까지는 현실적인 이유와 개인의 관심이 모두 작용을 했다.

현실적인 이유는 사료 문제였다. 한줄 한줄마다 엄격하게 사료의 뒷받침을 요구하는 한국사 논문의 특성을 고려할 때, 비교적 사료가 풍부한 국가 경제정책을 연구하면 적어도 사료가 없어서 논문을 못 만들 일은 없을 것 같았다.

한편 개인적인 관심이 국가재정사 연구에 맞아 떨어졌기 때문이기도 했다. '세상은 어떻게 돌아가고 있는 것일까'에서 '민족이 있을까'로 이어졌던 내 고민을 요약하면 '개인이 속한 사회가 개인의 삶에 어떤 영향을 미칠까'라고 할 수 있는데, 이런 사회와 개인의 관계를 물질로 드러내는 것이 부세제도라고 생각했던 것이다. 개인이 속한 가장 전형적인 사회 중 하나가 국가이며, 국가는 늘 개인에게 조세를 요구한다. 그 조세제도에 국가가 개인을 대하는 태도 그리고 개인이 국가에 의해 영향을 받는 상황이 모두 드러나 있을 것이라 짐작했다.

이런 생각의 터널들을 지나, 나는 조선후기의 국가재정을 연구하게 되었고 이렇게 한 권의 결과물을 내어놓는다.

고백컨대, 공부하는 동안 후회를 많이 했다. 왜 내가 이렇게 칙칙하게 괴로운 공부를 시작해서 나의 아까운 20대와 30대 전반을 낭비해야 할까 하고 말이다. 시작을 했으니 끝을 맺지 않으면 더 많은 후회가 생길지 모른다는 생각에 스스로를 다그쳐온 길이다. 그렇게 2006년 8월 박사학위논문을 손에 쥐었다.

박사학위논문을 낸 지 1년 반이 지났다. 학위를 받은 후 논문은 컴퓨터 깊숙이 감춰두었었다. 그 논문을 지금 다시 꺼내들었다. 찾아뵐 때마다, 책으로 내야 한다고 지도교수님인 조광 선생님은 나를 다그치셨다. 그리하겠다고 대답만 하고 잘도 피해 다녔다. 한편 국사편찬위원회에 계시는 이영춘 선생님은 집으로 전화하셔서 책을 내라고 수시로 압박을 가하셨다.

두 분의 '협박'에도 불구하고 끝까지 버텨볼까 생각도 했었는데, 이

제 책으로 펴내려 한다. 자신이 공부한 것은 책으로 내서 사람들에게 참고자료를 보태주는 것이 옳다는 선생님들의 회유에 넘어간 것이다.

오래간만에 논문을 다시 보니 여러 감정이 교차한다. 책 한 권을 내기 위해 14년 반이라는 시간을 지낸 것이 내게 어떤 도움이 되었을까.

소득은 있다. 궁금증 풀기 과정, 그것은 어느 정도 해낸 듯하다. 힘들고 괴로운 과정이었다지만, 이 과정이 없었다면 내가 지금처럼 당당히 나 자신이 선 자리를 명확히 인식하는 힘을 기르지는 못했을 것이다. 책을 쓰는 과정에서 나는 나름대로 사회와 개인의 관계에 대해 정립을 할 수 있었다. 그 덕에 얻은 가장 큰 소산은 책을 쓰기 전에는 내 인생의 모든 관심이 사회에 있었지만 책을 쓴 후에는 그 관심의 축이 나라는 개인에게 돌아왔다는 점이다. 고민의 관점과 삶의 방향이 바뀌었다. 그런 의미에서 이 책은 내 인생의 새로운 출발점을 만들어주었다고 할 수 있다.

오랜 시간 공부를 하면서 참 많은 분들의 도움을 입었다.

지도교수님인 조광 선생님은 내가 무사히 박사학위논문을 마치는 데에 큰 도움을 주셨다. 제자가 어떤 주제를 잡든 어떤 방향으로 글을 쓰든, 어떠한 압력도 행사하시지 않는 선생님 덕분에 나는 논문을 쓰며 비교적 내가 하고 싶은 방향대로 글을 이끌고 나갈 수 있었다. 선생님의 포용력에 감사드린다.

국사편찬위원회의 이영춘 선생님은 내가 석사학위논문을 끝낸 직후 조선시대사학회에 발표를 할 때 학회 총무간사 선생님으로 계시던 인연으로 뵙게 되었는데, 공부를 그만두고자 했던 나를 끊임없이 다독여 박사과정을 마치게 하셨다. 일년에 두어 번 씩 만나 진짜 맛있는 밥도 사 주시고 내가 돈이 없는 것을 알고 아르바이트 거리도 구해 주셨는데, 선생님 덕분에 경제적 곤경에서 여러 번 벗어났다. 그리 고분고분하지 않은 편인 나를 늘 잘 봐주신 선생님께 정말 감사드린다.

바쁘신 와중에서 논문을 심사해 주신 최완기, 최덕수, 이헌창, 정태헌 선생님께도 깊은 감사의 말씀을 전하고 싶다.

늘 독려해 주신 가족들, 부모님과 은주 언니, 정우 형부, 조카 도원 그리고 지은이와 소희에게 고맙다는 말을 하고 싶다. 특히 어머니 김성화 여사는 내 공부인생에 큰 조력자였다. 아마 어머니가 공부를 하셨으면 나보다 더 빨리 더 좋은 논문을 쓰지 않으셨을까 하는 생각이 든다. 이 자리를 빌려 진심으로 감사드린다.

자주 찾아뵙지는 못하지만, 류제헌 선생님께도 감사드린다. 선생님이 신경을 써주시는 만큼 나는 신경을 써드리지 못한다. 좀 더 잘 사는 모습을 보일 때 찾아가야지 하는 마음을 늘 가지고 있어서인가 보다. 책이 나오면 한 권 들고 꼭 찾아뵈어야겠다.

논문 쓰다가 괴로우면 아무 곳이나 전화해서 속을 풀어야 했는데, 그런 내게 현희 언니는 참 고마운 사람이었다. 현석이 형과 진행, 이안, 이도까지 모두 계속 행복하기를 빈다.

선휴 언니도 있다. 언니를 통해, 인생이란 행복하게 살 수 있다는 것을 어렴풋이 알아왔다. 언니의 따뜻한 배려와 그 현명함에 나는 늘 마음이 더워졌다. 만나서 5시간 수다를 떨고 헤어지면서도 '야, 오늘 얘기 다 못했네……'라고 아쉬워하는 우리, 앞으로도 이 체제는 계속 유지되지 않을까 한다.

멀리 프린스턴대에서 조선후기사를 공부하고 가르치는 친구 Joy. S. Kim에게도 고맙다. 비록 자주 보지는 못하지만, 늘 마음을 함께 해주는 유일한 동료였다.

그리고 요즘 한참 아이 기르느라 정신이 없는 은화와 은화 남편에게도 고마움의 마음을 전한다. 엄마가 된 마냥 챙겨주는 호박이며 들기름이며, 나는 양손에 가득가득 받아만 와서 늘 미안하다.

그리고 승표와 성진이에게도 고맙다는 말을 하고 싶다. 둘 다 계속

열심히 신나게 살며 행복하고 성공하기를 진심으로 바란다.

마지막으로, 사랑하는 내 남편 박거일 씨에게 무한한 감사와 애정을 보낸다. 거일 씨가 없었다면 이 책도 없었을지 모른다. 거일 씨를 만나기 전의 내 삶과 만난 후의 내 삶은 드라마틱하다는 표현이 딱 어울릴 만큼 바뀌었다. 겁 많고 소심했던 나에게 거일 씨는 늘 세뇌시키듯 자신감을 북돋워줬다. 내가 인생을 가장 행복하게 살 수 있도록 최고의 자유를 선사하면서도 언제나 넘칠 만큼 사랑을 주는 그는 내 인생에서 가장 멋진 사람이다. 논문 심사가 시작되기 전 막바지에 이르러 결혼을 했을 때, 그는 내가 최대한의 능력을 발휘해서 논문을 쓸 수 있도록 도왔다. 지금도 그는 내 행복과 성공을 위해 그가 할 수 있는 모든 일을 한다. 태풍이 몰아치는 듯한 세상에 살면서도 안심하고 내 할 일을 해 갈 수 있는 것은 모두 그의 덕분이다. 마음 깊이 나오는 감사와 애정을 그에게 돌린다.

2008년 1월 어느 날
내가 사랑하는 누상동 집에서
저자 박소은

목 차

표 목 차

14

그 림 목 차

序 論

조선후기는 사회경제적인 면에서 변동과 해체의 시기로 이해되고 있다. 연구자들은 조선후기에 일어나는 여러 가지 변화들이 근대로 이행하는 징표가 아닌지 조심스럽게 주목하여 왔다. 신분제의 해체, 상업의 발달, 농업의 발달, 농민혁명 등 이전 시기와 다르게 부각될 만한 사안들은 전근대의 해체라는 이름 아래 설명되었다.

이렇듯 사회경제적 변화가 주목받는 가운데 賦稅제도도 연구되었다. 賦稅제도가 주목을 받았던[1] 이유는 이것이 조선의 정부와 농민 사이의 관계를 보여주기에 적합했기 때문이다. 정부가 관장하는 부세제도는 당시의 사회경제상을 반영하고 있으면서 동시에 사회경제적 변화를 촉진시켰다고 판단되었다.

조선후기에는 부세제도의 변화가 두드러졌는데, 이러한 상황이 농민들의 삶에 지대한 영향을 미쳤을 것으로 평가되고 있다. 특히 공납과 군역의 변화, 즉 대동법과 균역법 실시의 의미를 포착하려는 연구들이 연이었다. 이러한 연구들은 대동법의 실시가 상품화폐경제의 발전을 기저로 하고 있을 뿐만 아니라 상품화폐경제를 가속화시켰다는 결론에 도달하였다.[2] 또한 균역법에 대한 연구들은 균역법이 양역 균

---

1) 鄭演植,「朝鮮後期 賦稅制度 硏究現況」,『韓國中世社會解體期의 諸問題』, 한울, 1987 ; 李榮薰,「朝鮮社會 經濟史 硏究의 現況과 課題」,『朝鮮時代硏究史』, 韓國精神文化硏究院, 1999.

일화와 국가의 재정 안정화 요구 아래 시행되었으며, 봉건사회를 해체
하는 데에 영향을 끼쳤다고 파악하였다.[3]

　조선후기에 일종의 조세제도로 운영된 환곡에 대해서도 일련의 연
구가 있었다.[4] 이 연구들은 환곡의 성격변화에 관심을 갖는데 진휼곡
으로 출발하였던 환곡이 지방관청의 식리사업으로 자리 잡으면서[5] 농

---

2) 鄭亨愚,「大同法에 對한 一 硏究」,『史學硏究』2, 1958 ; 한영국,「湖西에 實
施된 大同法」(上)·(下),『歷史學報』13·14, 1960.10·1961.5 ; 한영국,「湖南
에 實施된 大同法」(上)·(二)·(三)·(四), 『歷史學報』 15·20·21·24,
1961.9·1963.4·1963.8·1964.7 ; 한영국,「대동법의 실시」,『한국사』13, 국
사편찬위원회, 1978 ; 金潤坤,「大同法의 施行을 둘러싼 贊反 兩論과 그 背
景」,『大同文化硏究』8, 1971 ; 安達義博,「十八～十九世紀前半の大同米·
木·布·錢の徵收·支出と國家財政」,『朝鮮史硏究會論文集』, 1976.3 ; 高
錫珪,「16·17세기 貢納制 개혁의 방향」,『韓國史論』12, 서울대 국사학과,
1985.

3) 車文燮,「壬亂以後의 良役과 均役法의 成立」,『史學硏究』10·11, 1961 ; 車
文燮,「均役法의 실시」,『한국사』13, 국사편찬위원회, 1978 ; 鄭萬祚,「朝鮮
後期의 良役變通論議에 對한 檢討-均役法 成立의 背景-」,『동대논총』7,
1977 ; 鄭演植,「17·18세기 良役均一化政策의 推移」,『韓國史論』13, 서울
대 국사학과, 1985 ; 金容燮,「朝鮮後期 軍役制의 動搖와 軍役田」,『東方學
志』32(『韓國近代農業史硏究』上, 일조각, 1984.에 재수록) ; 鄭演植,「均役法
施行 이후의 지방재정의 변화」,『진단학보』67, 1989 ; 金友哲,「均役法 施行
前後의 私募屬 硏究」,『忠北史學』4, 1991 ; 宋亮燮,「19세기 良役收取法의
변화-洞布制의 성립과 관련하여-」,『韓國史硏究』89, 1995 ; 宋亮燮,「均
役法 施行 以後 軍役制 變動의 推移와 洞布制의 運營」,『軍史』31, 國防軍
史硏究所, 1995 ; 송양섭,「조선후기 군역제 연구현황과 과제」,『조선후기사
연구의 현황과 과제(姜萬吉敎授停年紀念)』, 창작과비평사, 2000.

4) 宋贊植,「李朝時代 還上取耗補用考」,『歷史學報』27, 1965 ; 오일주,「조선
후기 재정구조의 변동과 환곡의 부세화」,『實學思想硏究』4, 1984 ; 鄭允炯,
『朝鮮王朝後期의 財政改革과 還上問題』, 서울대 박사학위논문, 1985 ; 梁晋
碩,『17,18세기 還穀制度의 운영과 機能변화』, 서울대학교 박사학위논문,
1999.

5) 吳永敎,「朝鮮後期 地方官廳 財政과 殖利活動」,『學林』8, 연세대학교 사학
연구회, 1986.

민항쟁의 직접적 원인[6] 중 하나가 되었다고 서술하였다. 일부 연구자들은 환곡이 가진 진휼 기능에 더 초점을 맞추기도 하지만,[7] 이들 역시 환곡이 조선후기 중앙정부와 지방관청의 새로운 세입원이었음을 부정하지 않는다. 이식사업을 통한 재정 수입원으로 정착한 환곡은 조선후기를 해체하는 데에 결정적인 영향력을 끼쳤던 것으로 평가되고 있다.

연구자들은 이렇듯 변화과정이 뚜렷한 조선후기 부세제도에 주목하면서 조선후기를 전근대의 해체기로 간주한다.

그런데 기존 부세제도에 대한 연구는 변화가 뚜렷한 공납·군역·환곡에 집중하는 경향을 띤다. 그리고 화폐와 상품유통 등 부세제도와 관련하여 나타나는 새로운 경제적 양상들을 근대화의 단초로 보는 견해가 주를 이루었다.

연구자들은 이러한 부세제도의 변화과정이 '아래에서 위로' 즉 상향식으로 성립되었다는 점에 동의하고 있다. 다시 말해 사회경제적인 변화에 발맞추어 부세제도의 개선을 농민들이 지속적으로 요구하자, 중앙정부가 이를 받아들여 부세제도를 변경해 나갔다고 주장한다.

반면 기존 연구들은 정부의 장기적인 정책 의도가 부세제도에 미친 영향, 다시 말해 상향식이 아닌 하향식 정책 결정과정에 대해 다소 간과한다. 하지만 조선후기가 신분제 사회였던 점을 고려해 볼 때, 상향식으로 농민의 요구가 정책에 반영되어 부세제도의 변화를 촉진했다고 보는 데에는 의문의 여지가 있다.

---

6) 宋讚燮, 「19세기 丹城縣의 還穀問題와 釐正策」, 『擇窩許善道先生停年紀念 韓國史學論叢』, 1992.

7) 鄭亨芝, 『朝鮮後期 賑恤政策 研究―18世紀를 중심으로』, 이화여자대학교 박사학위논문, 1993 ; 文勇植, 『朝鮮後期 賑政과 還穀運營』, 景仁文化社, 2001.

이 책에서는 부세제도를 운영하는 정책 기관 중 하나인 호조를 중심으로 국가재정사에 접근하고자 한다. 이로써, 아래에서 위로 미친 영향이 아니라 위에서 아래로 미친 부세제도의 변화와 그 의미를 살펴볼 것이다.

호조는 명목상으로 중앙 재정기관을 대표하고 다른 기관의 재정정책에 관여하며 조율하는 역할을 담당하고 있었다. 호조는 부세 중에서 전세의 수입과 지출을 관장하고 있었다. 그런데 조선후기에는 선혜청·균역청·진휼청 등 호조 이외의 기관에서 담당하고 있던 공납·군역·환곡이 차지하는 조세 비중이 커짐에 따라, 호조가 중앙 재정에서 차지하는 역할이 축소되었다. 한편 조선후기에 들어서면서 공납·군역·환곡은 제도적 변화 양상이 두드러졌지만 호조가 담당하는 전세제도는 다른 부세제도에 비해 변화가 적었다. 따라서 호조가 담당하는 전세제도는 그 변화의 모습에 따른 역사적 의미에 대해 크게 조명받지 못했다. 현재까지 연구된 조선후기 전세제도의 변화는 크게 전세의 감축 - 양전의 실시 - 비총제 세 단계이다.

우선 16·17세기에는 전세가 감축되었던 것으로 이해되고 있다.[8] 세종 26년(1444)에 제정된 貢法은 매년 작황상태에 따라 토지를 9등급으로 나누어 4斗~20斗까지의 차등을 두어 과세하였다. 그런데 16세기 이후 4斗~6斗로 전세를 강등하여 받는 일이 관례화 되자, 인조 12년(1634) 甲戌量田 이후로는 등급을 따로 나누지 않고 전세를 1결당 4

---

8) 朴鍾守, 「16·17세기 田稅의 定額化 과정」, 『韓國史論』 30, 서울대, 1993. 이 논문에서는 전세 감축이 지주층의 성장과 관련이 있는 것으로 보았다. 재지지주층이었던 사림파가 성장하면서 탈세를 주도하였고 결국 전세 강등을 추진해갔다고 본 것이다. 재지지주층의 성장과 전세 감축이 어떠한 구체적인 연관성이 있었던지는 재검토해 볼 필요가 있지만, 이 연구가 17세기 이후 조선후기 전세제도를 연구하는 데 있어서 제도사적으로 중요한 기초를 놓았음은 의심할 바 없다.

斗씩 받기로 정식화하였다.

전세 수입의 부족은 전세액이 감축되기 전부터 문제였는데, 전세 감축 이후에도 여전히 현안으로 남아 있었다. 이에 조선정부는 實結 확보에 박차를 가하는 쪽으로 방침을 정하였고, 여러 차례 논의를 통해 1719~1720년에 庚子量田을 실시하였다.9) 경자양전은 조선정부의 마지막 양전이었다. 그런데 경자양전은 조선정부의 전세 고민을 뚜렷이 해결해 주지 못한 듯하다. 경자양전을 시행한 이후에도 조선정부는 지속적으로 전세확보 문제로 고심하였다.

1764년에 이르러 조선정부는 전세수취 방식을 比摠制로 전환하였다. 비총제는 그 해의 풍흉 정도를 일일이 踏驗한 후 수취액을 정하는 방식에서 벗어나, 대략 그 해의 풍흉과 비슷하다고 판단되는 이전 해의 경우에 비추어 중앙정부가 年分事目을 반포하고 이에 따라 정해진 액수를 수취하는 제도였다. 조선정부는 총액제 수취방식인 비총제를 실시함으로써 매년 걷는 전세 수입에 안정을 찾고자 하였다.10)

조선후기의 전세제도의 변화는 전세액이 감축되어 수세가 줄어든 문제를 해결하기 위해 비총제를 실시함에 따라 총액제로 전환한다는 특징을 가지고 있었다고 요약할 수 있다. 총액제로의 전환은 조선정부가 전세수세에서 지방관청에 대한 감시의 끈을 놓아버리는 계기가 됨으로써 지방관청의 농민착취가 심해지고, 결국 농민항쟁의 계기가 된

9) 李哲成, 「肅宗末葉 庚子量田의 實態와 歷史的 性格-比摠制로의 변화와 관련하여」, 『史叢』39, 1991 ; 吳仁澤, 『17·8세기 量田事業 硏究』, 부산대학교 대학원 사학과 박사학위논문, 1996 ; 염정섭, 「숙종대 후반 양전론의 추이와 경자양전의 성격」, 『역사와 현실』 36, 한국역사연구회, 2000.6 ; 송찬섭, 「숙종대 재정 추이와 경자양전」, 『역사와 현실』 36, 한국역사연구회, 2000.6.
10) 金玉根, 『朝鮮王朝財政史硏究』Ⅰ, 一潮閣, 1984 ; 鄭善男, 「18·19세기 田結稅의 收取制度와 그 運營」, 『韓國史論』22, 서울대, 1990 ; 李哲成, 「18세기 田稅 比摠制의 實施와 그 성격」, 『韓國史硏究』81, 한국사연구회, 1993.

것으로 연구자들은 설명한다. 이렇듯 전세제도는 전세 감축에서 비총
제로 이어지는 단순한 변화과정을 거친 것으로 평가된다.

그런데 기존 전세 연구방식으로는 전세 감축에서 비총제 성립까지
100여 년간의 간극을 메울 제도적인 연결고리를 찾을 수 없다. 말하자
면, 기존의 연구들이 '전세 감축', '비총제'라는 제도 시행 시점에 매몰
되어 전세제도 변화의 원인이 되는 여타 재정정책에 대한 탐색을 놓
치고 있기 때문이다. 이 시기는 전세제도 상의 변화는 없었지만 비총
제라는 결과가 도출되는 중요한 때이다. 즉 표면으로 드러나는 전세제
도의 변천이 아닌, 다른 재정정책의 결정 요소들이 비총제로 제도변화
를 이끌었던 것이다. 따라서 전세제도의 변화의 궁극적 원인을 살펴보
기 위해서는 공백으로 남아있던 100여 년 동안 시행된 호조의 재정정
책을 다각도로 살펴보아야 한다.

호조의 재정정책에 대해서 본격적으로 다룬 연구는 없다. 다만 호
조의 재정 수입 중 조선전기보다 후기에 줄어든 전세 수입 규모의 변
화에 대해서는 일찍이 주목되어 왔다.[11] 또한 16~17세기를 거치는 동
안의 전세감축 이후에 호조의 재정 부족이 지속적으로 논란이 되었던
점에 대해서는 몇몇 연구자들이 언급한 바 있다.[12] 그들은 조선후기에
자연재해가 심각하였고 이것이 조선정부의 재정 수입 저하에 영향을
미쳤다는 데에 동의하고 있다. 그런데 이 논문들은 주로 진휼정책과
환곡제도가 운영되는 배경을 지적하는 과정에서 자연재해와 그에 따
른 호조의 재정상황을 언급하고 있기 때문에, 자연재해가 호조의 재정

---

11) 金玉根, 위의 책 참고.

12) 鄭允炯, 『朝鮮王朝後期의 財政改革과 還上問題』, 서울대학교 박사학위논
문, 1985 ; 鄭亨芝, 『朝鮮後期 賑恤政策 硏究-18世紀를 중심으로』, 이화여
자대학교 박사학위논문, 1993 ; 梁晋碩, 『17,18세기 還穀制度의 운영과 機能
변화』, 서울대학교 박사학위논문, 1999 ; 文勇植, 『朝鮮後期 賑政과 還穀運
營』, 景仁文化社, 2001.

수입에 구체적으로 어떠한 영향을 미쳤는지는 설명하지 않는다.

조선후기 자연재해가 지속되었다는 사실은 소빙기설에 의해 뒷받침되고 있다. 소빙기란 17세기를 전후해서 기후가 1도 정도 떨어진 시기를 말한다. 1500년부터 1750년의 기간 동안 대략 기온이 1도 정도 떨어졌으며, 기온 저하가 지속되고 자연재해가 빈번해서 농업에 타격이 컸다는 것이다.[13]

조선왕조실록에는 자연 이변과 천체 현상에 대한 기록이 남아 있는데, 이런 사료들을 토대로 조선의 소빙기론이 성립되었다. 조선왕조실록의 자연현상 기록은 과학보다 정치현상을 많이 반영하고 있었기 때문에[14] 조선왕조실록의 자연현상 기록들이 정확히 어떤 기상현상을 반영하는지 확언하기는 쉽지 않다.

소빙기로 간주되는 기간은 최소 250년이며, 최근에는 18세기 말과 19세기 초의 재해도 소빙기 탓으로 돌리는 연구들도 있는데,[15] 그렇다

---

13) 李泰鎭,「장기적인 자연재해와 전란의 피해」,『한국사』30, 국사편찬위원회 ;「소빙기(1500~1750년)의 천체현상적 원인-『조선왕조실록』의 관련기록 분석-」,『國史館論叢』72, 국사편찬위원회, 1996 ;「小氷期(1500~1750) 천변재이 연구와『朝鮮王朝實錄』-global history의 한 章」,『歷史學報』149, 1996. 이런 소빙기론은 서양학계에서 일부 논의된, 서양의 17세기 위기가 기후에 영향을 받았다는 학설에 영향을 받은 것인데, 1도가 매우 중요한 영향을 끼치며 생장주기가 3~4주 늦어지고 고도가 500피트 낮아짐으로써 인간들이 살 수 있는 환경에 상당한 영향을 주었다고 한다. 이 시기 동서양에 재난이 계속된 것을 이 탓으로 돌린다(羅鐘一,「17世紀 危機論과 韓國史」, 『歷史學報』94・95합집, 1982). 동 시기의 조선도 이러한 기후 조건 아래서 상당한 타격을 받았음을 증명하고자 하는 지리학 쪽의 논문들이 있다(金蓮玉,「韓國의 小氷期 氣候-歷史 氣候學的 接近의 一試論」,『地理學과 地理教育』14, 1984 ;「歷史속의 小氷期」,『歷史學報』149, 1996).

14) 朴星來,「李泰鎭교수 "小氷期(1500~1750) 천변재이 연구와『朝鮮王朝實錄』"」,『歷史學報』149, 1996.

15) 이호철・박근필,「19세기초 조선의 기후변동과 농업위기」,『朝鮮時代史學報』2, 1997 ; 배재홍,「18세기 말 정조연간 강원도 삼척지방의 이상기후와

22

면 조선시대 대부분의 기간이 기후에 영향을 받아서 재해가 빈번했다는 결론에 이른다.

하지만 조선의 전 기간이 단지 기후 때문에 재해가 빈번해졌다고 보기는 힘들다. 사실 섭씨 1도 정도의 기온 하강은 농업기술력으로 극복될 수 있는 문제였다.16) 몇 백년간 지속되었던 기온 변화를 견디지 못했다면, 농사를 관장하는 국가의 정책에 잘못이 있었다고 볼 수밖에 없다. 다시 말해, 조선후기 호조 재정문제의 가장 주요한 원인을 자연재해라고 말하기 힘들다.

호조 재정부족 문제는 호조의 재정정책에서 그 원인을 찾을 필요가 있다. 18세기 이후 호조는 재정 수입 확보를 위해 몇몇 방법을 강구했던 것으로 보인다. 국내 광산의 稅銀을 호조의 관할로 하려고 했으며,17) 대일무역에서 거래되던 蔘稅를 호조 수입원으로 넣었다.18) 또한 魚鹽稅를 호조가 장악하고자 하였고19) 대청외교비용을 담당하는 이

농업」,『大邱史學』75, 2004.
16) 기온의 하강에 의한 농업문제가 있을 때, 습도를 조절함으로써 기온의 문제를 보완될 수 있는 것이었다. 이앙법과 건답직파, 담수직파를 한 경우 벼의 생육기간을 보면 습도가 기온을 보완할 수 있음을 충분히 알 수 있다. 이 세 가지 농작방법은 파종 시 요구하는 기온이 다르다. 이앙법은 일평균 기온 10℃일 때, 그리고 건답직파는 13℃, 담수직파의 경우는 15℃일 때 파종을 한다(최돈향·김보경·신문식·남정권·정진일·김기영·오명규·하기용·고재권·이재길, 「일균기온 특성에 따른 통일한국의 지역별 벼 생육기간 분포」,『한국농림기상학회지』5권 3호, 2003). 이앙법이 다른 농작방법에 비해 파종시 필요 기온이 가장 낮은 것이다. 17세기를 전후로 한 시기의 조선에서는 이앙법이 전국적으로 확산되어 있었다(金容燮, 「朝鮮後期의 水稻作技術」,『亞細亞研究』7-1, 고려대학교 아세아문제연구소, 1964). 기온이 1℃ 정도 낮았던 이 시기에는 건답직파나 담수직파보다는 이앙법을 사용하는 것으로 파종시기를 앞당길 수 있었던 것이다.
17) 柳承宙,『朝鮮時代 鑛業史 研究』, 고려대학교출판부, 1993, 「4장 18세기 別將制下의 官設民營鑛業實態」참조.
18) 박소은, 「17·18세기 戶曹의 倭館收稅策 변화」,『朝鮮時代史學報』14, 2000.9.

유로 중앙정부로 조세 일부를 이송하지 않고 남겨둔 채 활용하고 있던 평안도의 재정을 호조가 흡수하려고 노력했다.[20] 이렇듯 각종 세원을 확보하는 것이 18세기 이후 호조의 재정정책 방향의 하나였다.

기존 연구들을 종합해 보면, 전세감축 이후 비총제 실시까지 호조의 재정 상황은 두 가지로 요약된다. 첫째 호조의 재정부족이 지속적으로 언급되고 있었으며, 둘째 18세기 이후 호조는 여러 가지 방식으로 세원을 확대하였다. 그런데 이러한 연구들은 호조의 재정정책을 본격적으로 다루고 있지 않은 까닭에, 호조의 세원확보책이 호조의 재정정책 전체에서 차지하는 의미나 비중을 분석하지 못하고 있다.

전세감축으로 호조의 재정이 부족해지고 이후 비총제를 실시하게 되기까지의 인과관계를 밝히기 위해, 이 책에서는 전세감축에 대한 대책이었던 호조의 세원확보정책의 변화를 하나하나 따지고 이러한 정책이 전세제도에 어떤 영향을 미쳤는지 서술하려고 한다.

이 책에서는 전세 부족에 대처하는 호조의 재정 수입확보책의 변화에 따라 시기를 구분할 것이다.

첫 번째 시기는 16 · 17세기 전세 감축 이후 전세의 부족이 계속되어 호조가 세원확보를 위해 군자곡을 집중적으로 사용하는 17세기 후반이다. 그런데 군자곡의 잦은 사용으로 이것이 축소되자, 호조는 다른 세원을 찾을 필요에 봉착하였다.

두 번째 시기는 17세기 말부터 18세기 전반까지 호조가 銀이라는 고액화폐를 호조의 재정 수입원으로 장악해 나가는 시도를 펼친 때이다. 銀은 외교와 무역을 위한 필수 화폐였는데, 외교와 무역에 행정적인 참여가 가능했던 호조는 銀을 재정 수입원으로 삼을 필요가 있었다. 그런데 대청 · 대일 중계무역이 쇠퇴하고 일본으로부터 들어오던

---

19) 李旭, 『朝鮮後期 魚鹽政策 研究』, 고려대학교 박사학위논문, 2002.
20) 權乃鉉, 『朝鮮後期 平安道 財政運營 研究』, 고려대학교 박사학위논문, 2003.

銀의 수량이 줄게 되자, 銀에 의지했던 호조의 정책은 변해야 했다.

세 번째는 18세기 전반부터 비총제가 성립되는 18세기 중반까지이다. 이 시기 호조는 금납화를 새로운 재정 수입책으로 결정하였다. 주전과 돈의 유통 그리고 화폐의 금납화는 조선후기의 새로운 경제흐름을 대표한다고 이해되어 왔다. 금납화는 상품유통경제를 발달시키고 있던 조세납부자의 의지가 반영되어 실시되었다는 것이다.[21] 이 책에서는 호조의 재정 수입 확보책의 일환으로서 금납화를 다룰 것이다. 또한 호조와 지방관청이 금납화를 적극 유지한 이유가 무엇이었으며, 그것이 비총제의 실시에 어떤 영향을 끼쳤는지 논의할 것이다.

호조의 재정정책을 살펴보기 위해 주로 호조와 관련된 관찬사료를 이용하였다. 먼저 『비변사등록』, 『승정원일기』 그리고 『조선왕조실록』 등 연대기 사료를 이용하여 호조 재정정책의 시대적 흐름을 파악하였다. 또한 『탁지지』, 『만기요람』, 『탁지전부고』, 『증보문헌비고』 등 호조의 재정과 관련된 수치 통계를 싣고 있는 자료를 최대한 활용하였다.

이 책에서는 규장각문서 등을 활용하지 않았다. 17~18세기의 호조 재정정책에 관련된 규장각 문서가 거의 남아있지 않거나, 남아있더라도 이 연구와 직접적인 관련을 맺고 있지 않았다. 연대기를 중심으로 한 관찬사료에 국한되는 점이 본 연구의 한계이기는 하지만, 이 책의 목적이 조선정부기관의 정책변화에 초점이 맞추어져 있기 때문에 논리전개에는 큰 무리가 없을 것으로 판단된다.

그리고 현물재정으로 운용되던 당시의 상황을 고려해서 각각의 현물재정 수치를 하나의 단위로 환산해서 사용하는 일은 자제하였다. 또한 남아있는 수치자료들의 신빙성을 완전히 신뢰할 수는 없다는 점을

---

21) 방기중, 「17·18세기 前半 金納租稅의 성립과 전개」, 『東方學志』 45, 1984.

감안하여, 급격한 변화 모습이 드러나지 않을 때에는 수치를 통해 결론을 얻는 방법은 되도록 삼갔다. 남아 있는 수치자료를 완벽히 믿을 수 없는 것은 전근대 경제사를 연구할 때 불가피하게 부딪히는 한계이다. 이 책에서는 수치와 관련된 해석보다는 연대기 사료에서 추출할 수 있는 호조의 재정 수입정책 동향을 더욱 주시하는 쪽을 택했다.

조선정부의 재정정책에 초점을 맞춘 이 연구는 조선후기의 광범위한 사회경제적 변화가 조선정부의 재정정책을 강제했다는 논리와 대척점에 서 있다. 당시 신분제가 유지되고 농본주의 사회였던 점을 감안할 때, 기존 연구에서 새로운 경제적 요소로 인정된 몇 가지 사항들은 재해석되어야 할 필요가 있다. 이 책에서는 호조의 재정정책과 새로운 경제적 요소들의 관계를 밝힘으로써, 재해석의 방향점을 제시하고자 한다.

제1장 17세기 후반 호조의 수세 실태와 세원확보정책

1. 給災와 田稅 수입의 위축

호조의 재정부족 문제는 조선후기 조선정부의 논란거리 중 하나였다. 조선후기의 재정문제가 발생된 원인을 밝히기 위해서는 호조 수입과 지출의 두 측면을 모두 살펴볼 필요가 있다. 즉 호조의 재정부족이 수입의 부족에서 기인된 것인지, 지출의 과다 때문에 발생한 것인지 따져보아야 하는 것이다. 그러기 위해 호조가 담당하고 있었던 수입과 지출의 범위와 수량 등을 하나하나 짚어 보자.

1) 호조의 수입과 지출

(1) 호조의 위상과 조직

호조는 조선의 戸口·貢賦(공물과 부세)·田糧(전지와 양식)·食貨(음식과 재물)에 관한 政事를 관리하는 正二品衙門이었다.[1] 즉 조선 초기에 정비된 정부의 실무행정기관인 6曹 즉 吏曹·戸曹·禮曹·兵曹·刑曹·工曹 중에서 호조는 국가재정 수입과 지출의 원활한 관리

---

1) 『度支志』內篇 1, 官制部 戸曹.

28

를 위해 조세 정책을 담당하는 행정실무기관이었다.

조선정부의 중앙재정 기관을 대표하고 있기는 했지만, 호조가 중앙
재정을 모두 관할하고 있지 않았다.

> 臣이 삼가 살펴 보건대 戶曹에서 그 직무를 잃어버린 지 오래이다.
> 백성의 호적은 京兆에 移屬시키고 魚鹽稅는 오로지 均廳에 맡겼으니
> 軍國의 需要는 租·庸·調에 지나지 아니한데, 庸은 兵曹에서 放番
> 하여 베를 받아들이고, 調는 각 고을에서 돈으로 賦課하여 役事를 시
> 키고, 租는 宣惠廳에서 大同米 12斗씩을 징수하고 있으니 本曹의 所
> 管으로서는 다만 田稅로 받는 4斗뿐이다.[2]

위의 사료는 『탁지지』에 실려 있는데, 이러한 말이 언급된 정확한
시기는 나와 있지 않다. 하지만 대동법과 균역법이 실시되고 있는 것
으로 보아 대략 18세기 이후의 사료임은 분명하다.

이 사료를 그대로 받아들이자면, 조선후기에 호조는 다른 조세수입
에 대한 권한을 모두 잃고 오로지 전세만을 수입으로 가지고 있었다.
그리고 호적관리는 한성부의 담당업무였으며 토지 이외에 부과되는
雜稅 중 하나인 魚鹽稅는 균역청이, 군역은 병조에서, 대동미는 선혜
청에서 관할하였다.

하지만 호조가 전세만 담당한 것은 조선초기에도 마찬가지였다. 경
국대전의 戶典에는 收稅와 經費에 대한 개괄적인 규정이 나와 있고[3]
조선의 조세수입체계를 크게 田稅·貢納·軍役으로 나누었을 때 전
세만 호조가 수세하는 것으로 쓰고 있다. 공납은 특산물이 나는 지방

---

2) 『度支志』內篇 1, 官制部 戶曹, "臣謹按版曹之失其職久矣 民戶之籍移屬京
   兆 魚鹽之稅專付均廳 軍國所需不過租庸調而 庸則兵曹放番收布 調則列邑
   科錢差役 租則惠局收大同米十二斗 本曹所管只是田稅四斗而已".
3) 『經國大典』2, 戶典.

에서 특산물이 필요한 서울의 각 관청으로 바로 납부되었고,[4] 병농일치의 府兵制인 군역은 수자리를 사는 대신 布를 낼 수 있도록 허락해 주는 방식이 점차 정착되는 과정에서 그 거둔 포는 호조를 거치지 않고 軍門들로 납부되었다.[5] 즉 전세·공납·군역의 조세수입 중에서 호조가 전세를 주요 수입원으로 삼았던 것은 조선전기나 후기가 다르지 않았다.

민호의 稅役 부담에 있어서 대동미는 전체의 50%, 전세는 17%, 役은 25%, 三收米 8% 정도로 포함되는 것으로 이해되고 있다.[6] 물론 이 비율은 시기마다 조금씩 다르다. 그리고 이 중 대동미는 일부 지방에 留置되었고 일부만 중앙으로 상납되었는데, 원래는 절반 정도가 地方留置分이었으나 18세기 이후로 갈수록 중앙상납분이 점점 늘어나는 추세였다. 따라서 세밀하게 말할 수 있지는 않지만, 대동미의 절반 정도가 지방에 留置되었다고 보았을 때 중앙정부가 수납했던 세입 중 전세가 차지하는 비중은 전체 세입 중 대략 4분의 1 정도였다. 다시 말해 환곡을 제외했을 때, 전세·공납·군역 세 가지 부세 수입 중에 호조가 차지했던 부세 수입은 4분의 1 정도였던 것으로 파악된다.

이제, 전세를 주 세입원으로 삼았던 호조의 기관 구성에 대해 조금 더 자세히 알아보자. 호조는 보조기관으로 3司 14房을 두고 있었다. 호조가 담당하는 재정세칙을 담아 1788년(정조 12)에 편찬한 『度支志』에는 다음과 같이 호조의 보조기관이 기록되어 있다.

---

4) 『萬機要覽』 財用編3, 大同作貢 大同法. 태종 때 비로소 貢賦를 제정하고, 세종 때에 또 貢案(貢物을 기록한 文簿)을 제정하여 그 읍의 所産을 따라 土民으로 하여금 京司에 직접 납부하게 하였다.
5) 『萬機要覽』 財用編3, 均役 良役變通之意.
6) 韓榮國, 「湖西에서 實施된 大同法」(下), 『歷史學報』 14.

版籍司 : 雜物色, 金銀色, 鑄錢所, 收稅所, 司瞻色
經費司 : 前例房, 別例房, 版別色, 料祿色, 歲幣色, 應辦色, 別庫色,
　　　　別營色, 司畜色
　會計司

판적사는 田制·均稅·免稅·復戶·年分·俵災·漕轉·站船·奴
貢·巫稅·匠稅·板稅·兩西貢物·京畿田稅貢物·各司元貢不足에
대한 別貿를 관장하였다. 다시 말하자면 호조의 조세수입과 관련된
전반적인 행정을 담당하고 있었다.

경비사는 宗廟·社稷과 궁궐에서 필요한 경비, 관료의 녹봉, 각종
歲幣, 중국사신 접대 경비, 삼수미 수납과 훈련도감 군병의 放料 등
호조의 지출업무를 담당하였다.

그리고 회계사는 各道 錢穀의 회계·各司 物種의 회계·解由·虧
欠·回倉·籍沒에 관한 사항, 즉 전체의 회계업무를 보았다.[7]

호조는 또한 균역청, 선혜청, 병조, 금위영, 어영청, 양향청, 평안도
관향, 강계세삼 등의 회계심사에 관한 사항도 관장하였다.[8]

요약하자면, 호조 내의 기관 중 판적사에서 주로 호조의 수입을 담
당하였고 경비사가 호조의 지출을 관할하였다. 그리고 호조는 선혜청
이나 균역청 등 다른 중앙기관의 회계 업무에 대한 심사에 참여함으
로써 중앙재정기관의 대표로서 그 역할을 하고 있었다.

전세·공납·군역이라는, 크게 세 가지 분야의 조세 중에서 호조는
전세 수입을 담당하고 있다고 앞서 서술하였는데, 호조로 들어오는 수
입은 전세 이외에도 몇 가지가 더 있었다. 무녀와 장인들에게 받는 세
금인 巫匠稅 그리고 조선후기에 새롭게 조세수입 명목으로 자리 잡은

---

7) 『度支志』內篇 1, 官制部 職務分掌.
8) 『度支志』內篇 1, 官制部 職務分掌.

稅銀과 貢銀[9]이 그것들이다.[10] 稅銀은 광산에서 조세로 거두는 것이었으며 貢銀은 몇몇 지역에서 공물로 납부 받았다. 그런데 광산에서 받는 稅銀의 경우는 광산의 존폐가 일정치 않았고 수세에 대해서도 명확히 정해진 바가 없어서 한 번에 수납하는 것이 銀 700냥에 달하지 못하는 경우가 많았다.[11] 이렇듯 호조의 수입은 전세가 전부는 아니었지만, 전세를 중심으로 이루어져 있었다.

한편, 호조의 지출은 앞에서 서술한 바와 같이 경비사에서 담당하고 있었다. 경비사 아래에는 여러 하위 기관이 있었는데, 각각의 기관과 업무를 좀 더 자세히 들여다 보자.

- 前例房 : 각 殿宮에 여러 가지 물건을 供上[12]하고 宗廟·社稷의 제사와 科場, 禮葬[13]에 쓰는 물건들을 구비하였으며 別致賻[14]를 담당.
- 別例房 : 경비사에서 여러 가지 물건을 구비하다가 소소하게 모자라는 물건들을 改備하거나 修補하고, 궁궐과 각 관아의 수리와 營繕 등에 필요한 것들을 마련하는 일을 맡음.
- 版別色 : 주로 別例의 수용에 응하는 일을 하였는데, 蔘, 生銅, 黑角

---

9) 貢銀 : 조세 명목 3가지 즉 田稅, 貢納, 役 중 공납과 역을 면제해 주는 대신 銀을 받아들이는 방법. [용례] "仍除本邑土貢民役遂作貢銀"(『萬機要覽』財用篇 4, 金銀銅鉛).

10) 조선후기에 새로 생긴 수입 명목인 稅銀과 貢銀에 대해서는 이 논문의 2장에 대해서 자세히 다룰 예정이다.

11) 『度支志』內篇 1, 官制部 各房式例.

12) 供上은 선혜청과 호조가 함께 담당하고 있었다.

13) 왕비의 부모·嬪·貴人·大君·王子君 및 夫人·公主·翁主·儀賓·종친의 2품 이상, 문·무관 1품 이상이 상을 당했을 때의 예를 갖추어 장례를 치루는 것.

14) 正·從 3품 이하의 시종이나 臺侍가 喪事를 당하였을 때 국왕이 따로 돈이나 물건을 내리던 것.

등 대청·대일 무역을 통해 취급되는 물건들을 주로 이곳에서 취급함. 중국으로 보낼 인삼을 관리하고, 일본에서 수입한 생동이나 흑각을 지출하는 것이 임무.
- 料祿色 : 관리에게 녹봉 주는 일을 담당.
- 歲幣色 : 매년 10월 중국으로 가는 사신이 가지고 가는 공물을 관장.
- 應辦色 : 중국 사신이 오면 쓰는 물건을 내어줌.
- 別營色 : 훈련도감의 군병에게 급료를 지급하는 일을 담당.
- 別庫色 : 각사 元貢과 別貿하는 물종을 쌓아놓는 창고.
- 司畜色 : 가축을 기르고 이를 소비.

위의 호조 지출내역은 크게 네 종류로 간추릴 수 있다. 왕실 운영 관련 제반 경비, 외교비용, 관료의 녹봉, 군문의 급여이다. 이 중 군문의 급여 즉 훈련도감 군병에게 급료를 지급하는 일은 조선전기와 달리 조선후기에 새로 생긴 지출 항목이었다.

이상으로 호조가 관할하고 있던 수입과 지출 항목에 대해 살펴보았다. 호조는 국가의 중앙재정 기구를 대표하기는 했으나 모든 조세수입을 관리하고 지출하였던 것이 아니라, 주로 전세를 중심으로 조세를 거두어들이고 있었고, 왕실 운영 경비와 외교비용 그리고 관료와 군문의 급여를 지출하고 있었다. 조선전기와 비교하자면, 조선후기에 들어서 銀 수입이 추가되었으며 지출 항목 중에는 훈련도감의 급여가 포함되었다.

(2) 수입과 지출 구조

조선후기 호조의 재정부족 문제는 전세 수입의 변화를 핵심으로 논의되어 왔다. 호조의 세입 중 전세가 가장 큰 비중을 차지하고 있었으며, 銀 수입은 조선전기는 없다가 생긴 것이고 巫匠稅가 차지하는 비

율이 그다지 크지 않았기 때문에 전세 수입에 초점이 맞추어지는 것
은 당연하다.

　조선전기 結總의 추이를 보면, 1432년에 1,712,311結 그리고 16세기
후반에 1,515,594결이었다.[15] 그런데 임진왜란을 거치면서 8도의 전결
이 30만 결로 감소했다가 100여 년이라는 시간을 거친 후 대략 조선
전기 수준으로 회복하였다. 이러한 田總은 아래 표와 같이 조선후기
내내 140~145만 결로 큰 변동 없이 유지되었다.[16]

---

15) 1432년 1,712,311結 :『世宗實錄地理志』, 16세기 후반 1,515,594결 :『朝鮮田
　　制考』; 李榮薰, 「朝鮮社會 經濟史 硏究의 現況과 課題」,『朝鮮時代 硏究
　　史』, 1999, 141쪽 <표 2> 참조.
16) 조선전기와 조선후기에는 結을 측정하는 단위(尺)가 다르다. 따라서 세종 때
　　와 임진왜란 이후의 토지결수를 비교해서 세종 때보다 조선후기의 토지결수
　　가 현저히 적었다고 말할 수 없다.
　　　공법을 제정한 1444년(세종 26)부터 1653년 전까지는 토지를 측량할 때 토
　　지 비옥량에 따라 다른 자를 썼다. 토지 등급을 종래 셋으로 나눈 것에서 여
　　섯 등급으로 세분하였고, 토지를 측량할 때 쓰는 자를 종래의 농부의 손마디
　　길이를 표준으로 한 것에서 보다 합리적인 周尺으로 바꾸었다. 토지의 등급
　　에 따라 자의 길이가 달라져, 1등급 토지를 재는 자의 길이는 4.775척(95.4㎝)
　　이고, 등급이 낮을수록 자의 길이는 길어져 6등급 토지를 재는 자는 9.55척
　　(191㎝)이 되었다. 따라서 토지등급에 따라 면적도 달라져, 1결의 면적은 1등
　　전이 약 3,000평, 2등전이 약 3,500여 평, 3등전이 4,200여 평, 4등전이 5,400
　　여 평, 5등전이 약 7,500평, 6등전이 약 12,000평이었다. 이전 시기보다 결의
　　실제 면적이 축소되는 경향을 보인 반면, 전국의 총토지 결수는 크게 증가하
　　였다.
　　　그런데 1653년 이후부터는 토지의 등급에 따라 길이가 다른 자를 사용하여
　　토지를 측량할 때의 복잡함과 불편함을 없애기 위해 자를 통일하였다. 종래
　　의 1등급 자인 주척 4자 7치 7푼을 1자(尺)로 정하여 토지의 비옥도에 상관
　　없이 측량하여, 사방 100척을 1등전의 1결로 정하였다. 그리고 1등전의 1결
　　을 100으로 하여 2등전은 85, 3등전은 70, 4등전은 55, 5등전은 40, 6등전은
　　25의 비율로 결의 면적을 환산하였다. 가장 질이 좋은 토지인 1등전 1결의
　　면적은 3,200여 평이었고, 가장 메마른 토지인 6등전 1결은 1등전의 약 4배
　　인 1만 3000평 정도였다(李永鶴, 「조선시기 농업생산력 연구현황」,『韓國中
　　世社會 解體期의 諸問題』(下), 한울아카데미, 1987 ; 李鎬澈,『朝鮮前期農業

34

<표 1> 田總 (단위 : 結)

年度	1744년	1754년	1764년	1774년	1784년
田總	1401135	1418260	1426853	1429593	1444103
年度	1794년	1804년	1814년	1824년	1834년
田總	1450359	1453954	1454739	1454750	1454754

출전 :『度支田賦考』, 田摠 元帳付, 驪江出版社 영인본 上, 11~14쪽.

그런데 전세 수입은 조선후기에 들어서면서 하락하였던 것으로 평가된다. 수세를 할 수 있는 實結이 줄었다는 것이다. 기존 연구는 수세실결이 준 이유로 免稅田 비중의 증가와 結當 수세액 감축을 꼽는다.

임진왜란 때 폐허가 된 토지를 개간하는 과정에서 궁방이나 관둔 등이 개입하고 이렇게 개간된 토지가 개간을 주체한 기관으로 소속됨에 따라 田總에서 宮房田이나 官屯田 등 각종 免稅田들이 차지하는 비중이 높아진 것이 실결의 감축을 부추겼다는[17) 것이 하나의 이유이다.

조선후기 호조의 전세 수세실결은 대략 80만 결에서 머물렀다. 우리가 알 수 있는 호조의 수세실결은 1744~1840년이다. <표 2>와 <그림 1>에서 보는 바와 같이, 이 기간 동안 수세실결이 특이할 만한 변화를 보이지는 않는다. 다만 19세기에 수세실결이 80만 결 이하로 떨어지는 일이 조금 더 빈번하였다. 하지만 그 하락세가 호조 재정에 어떠한 영향을 끼쳤을지 섣불리 판단할 수는 없다.

조선전기와 후기의 수세실결을 비교하는 것도 쉽지 않다. 조선전기의 실결을 대략 90만 결 정도로 추정하는 연구가 있지만,[18) 앞서 밝혔

經濟史硏究』, 한길사, 1986 ; 宮嶋博史, 「朝鮮農業史上における15世紀」,『朝鮮史叢』3, 1980 참조).

17) 鄭允炯, 앞의 논문.
18) 金玉根, 앞의 논문.

듯이 조선전기와 후기는 결수를 세는 자의 단위가 바뀌기 때문에 전기와 후기의 실결수를 비교하는 것은 무리이다.

이렇듯 17~18세기 조선의 실결이 전기에 비해 감축됨으로써 호조의 전세 수입에 영향을 미쳤다고 판단할 만한 통계상의 자료를 얻을 수 없다.

<표 2> 出稅實結 (단위 : 結)

年度	출세실결	年度	출세실결	年度	출세실결	年度	출세실결
1744년	854,303	1769년	803,885	1794년	718,294	1819년	767,317
1745년	804,497	1770년	919,527	1795년	785,532	1820년	795,232
1746년	831,057	1771년	787,240	1796년	824,633	1821년	740,751
1747년	825,344	1772년	813,131	1797년	785,267	1822년	766,557
1748년	858,110	1773년	754,552	1798년	743,198	1823년	780,327
1749년	821,459	1774년	807,366	1799년	818,831	1824년	787,933
1750년	807,596	1775년	783,804	1800년	812,435	1825년	751,967
1751년	816,640	1776년	814,661	1801년	802,857	1826년	795,915
1752년	855,431	1777년	780,083	1802년	816,550	1827년	784,935
1753년	818,001	1778년	758,115	1803년	802,241	1828년	723,562
1754년	821,038	1779년	832,658	1804년	816,502	1829년	781,740
1755년	719,150	1780년	830,660	1805년	795,954	1830년	784,968
1756년	798,279	1781년	786,161	1806년	809,545	1831년	781,872
1757년	829,515	1782년	776,577	1807년	810,819	1832년	734,420
1758년	827,838	1783년	748,311	1808년	804,215	1833년	742,678
1759년	795,103	1784년	836,260	1809년	646,912	1834년	782,819
1760년	813,231	1785년	828,765	1810년	759,523	1835년	770,109
1761년	777,811	1786년	740,100	1811년	787,047	1836년	731,386
1762년	654,402	1787년	808,152	1812년	729,501	1837년	745,535
1763년	793,789	1788년	819,833	1813년	774,183	1838년	725,190
1764년	763,409	1789년	811,570	1814년	642,864	1839년	751,260
1765년	797,995	1790년	824,862	1815년	729,780	1840년	775,226
1766년	825,306	1791년	799,416	1816년	789,721		
1767년	807,198	1792년	743,484	1817년	765,071		
1768년	763,629	1793년	810,378	1818년	788,544		

출처 :『度支田賦考』上, 驪江出版社 영인본 上, 出稅實結, 200~297쪽.[19]

한편, 전세 수입 감축의 또 다른 이유로는 16·17세기 영정법을 거치면서 전세액수가 하락했다는 점이 거론되었다. 전세는 세종 26년(1444)에 제정된 貢法에 의거해 매년 농사 작황에 따라 변동하는 수확량에 대해 20분의 1 세율로 과세하였다. 공법은 매년 작황상태에 따라 토지를 9등급으로 나누고 각 등급에 따라 2斗씩 차등을 두어 4斗~20斗를 받았다. 그런데 양전이 제대로 시행되지 않는 상황에서 16세기 이후 4斗~6斗로 전세를 강등하여 받는 일이 관례화 되자, 인조 12년

---

19) 『度支田賦考』에 기록된 자료의 시작 년도에 대해서는 이견이 있다. 첫 기록 년도인 甲子年을 『朝鮮田制考』에서는 1744년, 『度支田賦考』영인본(여강출판사 편)에서는 1684년으로 보았다. 본 논문에서는 『度支田賦考』와 『萬幾要覽』에 기록된 1807의 출세실결이 810,819결로 일치한다는 점을 근거로 시작년도를 1744년으로 잡았다. 또 『度支田賦考』와 『增補文獻備考』의 1780년과 1784년 호조 수입 기록도 부분적으로 일치한다.

그런데 甲子年을 1744년으로 보아도, 『度支田賦考』과 『萬幾要覽』의 1783년·1785년·1790년 호조 수입은 일치하지 않는다. 물론 1684년으로 보더라도 일치하지 않기는 마찬가지이다. 왜 1780년과 1784년의 호조수입, 그것도 쌀·좁쌀·콩의 수량만 일치하고 나머지는 일치하지 않는지에 대해서는 정확히 해명할 수가 없다. 하지만 한 해의 출세실결과 두 개년의 곡물 수량이 일치하는 것을 근거로, 일단 甲子年을 1744년으로 설정하였다.

戶曹收入 出전 품목	1780년		1784년	
	增補文獻備考	度支田賦考	增補文獻備考	度支田賦考
쌀	109,682석	109,681석	84,794석	84,794석
좁쌀	4,177석	4,177석	3,951석	3,951석
콩	41,333석	41,333석	41,609석	41,609석
은	716냥	584냥	684냥	588냥
면포	6,296필	11,464필	53,925필	8,395필
베	7,252필	70,976필	4,137필	66,704필
돈	152,245냥	165,267냥	148,250냥	158,070냥
비단		148필		149필

(*1780년의 『增補文獻備考』와 『度支田賦考』의 쌀 수량은 각각 109,682석과 109,681석으로 1석 차이가 난다.)

(1634) 甲戌量田 이후 등급을 따로 나누지 않고 전세를 1결당 4斗씩 받기로 정식화하였다.[20]

<그림 1> 出稅實結 (단위 : 結)

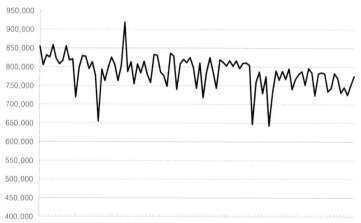

戶曹收入 출전 품목	1783년		1785년		1790년	
	萬幾要覽	度支田賦考	萬幾要覽	度支田賦考	萬幾要覽	度支田賦考
쌀	96,728석	93,823석	127,620석	109,478석	120,576석	105,214석
좁쌀	4,233석	4,027석	4,037석	3,182석	3,973석	3,816석
콩	41,634석	41,634석	41,393석	41,579석	42,856석	41,356석
은	808냥	588냥	620냥	588냥	2,197냥	589냥
면포	68,926필	222동	72,012필	10,258필	81,596필	10,827필
베	7761필	66,829필	6,657필	73590필	6,939필	69,793필
돈	208,959냥	15,7697냥	219,830냥	167,633냥	409,997냥	164,238냥
비단		146필		152필		153필
금					38냥	

20) 朴鍾守, 「16・17세기 田稅의 定額化 과정」, 『韓國史論』 30, 서울대 국사학과, 1993.

그런데 1634년 정식화된 1결당 4斗의 전세 조치를 두고 그 이전보다 받아들이는 결수가 상당히 축소되었을 것이라 판단하는 일도 무리가 있다. 1결당 4斗의 전세 하강 조치는 갑자기 취해진 것이 아니라 그 당시의 관례를 받아들인 형식에 불과하다는 점은 이미 밝혀져 있다. 즉 4斗로 전세가 하강되기 이전에도 이미 오랫동안 4斗 정도의 전세만을 걷을 수 있었을 것이라는 말이다. 또한 갑술양전 이후 4斗로 일괄해서 걷는 것이 호조의 수입에 큰 지장이 있지 않다고 조선정부가 판단하였기 때문에 그렇게 정식화되었을 가능성이 크다.

요약하자면, 기존 연구에서는 조선후기 수세실결 하락과 전세액의 축소 때문에 호조의 재정 수입이 조선전기보다 현저히 하락했다고 말하고 있지만 전세 수입의 액수가 조선 전후기에 확연히 차이가 났는지 그렇지 않은지에 대해 수치로 명확히 변별하기는 힘들다. 따라서 수세실결의 하락과 전세액의 축소가 호조의 전세 수입에 영향을 끼쳤을 것이라는 판단은 유보하는 것이 낫다.

한편 호조의 지출과다에서 재정부족의 이유를 찾기도 한다. 조선후기 호조의 지출 내역에는 훈련도감 급료라는 군문 관련 비용이 추가되었는데, 이 비용이 과다했던 까닭에 재정 균형이 깨어졌다는 것이다. 그러나 훈련도감의 급료가 어느 정도로 호조의 재정을 압박했는지에 대해서는 정확히 알 수가 없다. 또한 조선전기에 비해 훈련도감의 급료라는 지출항목이 늘었던 반면 銀 수입이라는 수입항목도 늘었다는 점을 상기한다면 지출항목이 늘어서 수입을 압박했을 것이라 보는 관점도 일단 미루어 둘 필요가 있다.

조선후기 호조의 재정부족에 대해서는 수입과 지출의 관점에서 몇 가지 논의가 있어 왔다. 조선전기에 비해 호조의 수입이 줄었기 때문이라는 점이 부각되기도 하였고 지출이 확대된 탓으로 돌리기도 하였다. 하지만 조선전기에 비해 호조의 수입이 감소했는지 혹은 지출이

늘었는지에 대해 통계로 나타낼 만한 수치로서의 근거를 찾기는 힘들
다.

(3) 수입과 지출 비교

조선후기 호조의 재정상황을 추측할 마지막 방법은 이 시기 호조의
수입과 지출액을 비교해 보는 것이다.

전세의 강등 이후 호조의 수입과 지출을 보자. 전세 강등이 시행된
후 17세기 후반부터 18세기 초까지 매해 호조의 수입과 지출 내역을
함께 알 수 있는 자료는 많지 않은데, 1651년과 1668년, 1723년의 것은
확인할 수 있다. 1651년은 효종 때, 1668년은 현종 때, 1723년은 경종
때 호조 수입·지출인데, 모두 각 왕조의 수입·지출이 대략 중간인
해의 자료이다.

<표 3> 호조의 수입·지출(1651년, 1668년, 1723년)

종류		1651년	1668년	1723년
쌀	수입	99,270석	103,963석	98,511석
	지출	111,934석	110,174석	106,724석
좁쌀	수입	16,440석	15,032석	14,590석
	지출	3,768석	15,717석	5,739석
콩	수입	41,727석	51,391석	63,527석
	지출	35,204석	47,347석	64,590석
은	수입	39,093냥	30,262냥	31,156냥
	지출	35,927냥	12,214필	49,091냥
면포	수입	109,100필	86,650필	78,900필
	지출	103,650필	53,750필	108,800필
베	수입	5,000필	5,000필	11,500필
	지출	5,000필	5,900필	13,550필
돈	수입			115,026냥
	지출			126,674냥

출전 :『增補文獻備考』 155권, 財用考2 國用2.

호조가 조세로 받는 것은 쌀・좁쌀(田米)・콩・은・면포・베였고, 1678년 국가에서 주전을 결정하고[21] 돈으로도 납세하게 한[22] 후에는 여기에 돈이 더해졌다.

호조의 수입・지출이 어떠한 관계를 가졌는지에 대해 알기 위해서는 위의 수입・지출 품목들을 하나의 단위로 환산해서 비교해 볼 필요가 있다. 하지만 그런 환산은 오히려 오류를 낳을 위험을 안고 있다. 각 품목들의 환산율을 정확하게 알기란 힘들기 때문이다.

사료에서 찾을 수 있는 전세 환산규정 중 곡물을 돈으로 바꾸는 환산율은 대략 다음과 같다.

<표 4> 田稅 곡물 1石 당 作錢價

년도	쌀	콩	좁쌀	작전 지역	출전
1704	6냥5전	3냥		경기도 재해 심한 곳	『度支志』外篇, 6 전제부4 檢田
1727	7냥	3냥5전		嶺底 7邑	『度支志』外篇, 6 전제부4 檢田
1744	7냥	3냥	5냥	永作錢邑	『續大典』, 戶典 稅收
1747	4냥			嶺底 7邑	『承政院日記』 1019, 영조 23년 (1747) 8월 6일.
1785	7냥	3냥	5냥	永作錢邑	『大典通編』, 戶典 稅收
1865	5냥	2냥5전	4냥	황해도 山郡 4邑	『大典會通』, 戶典 稅收
1865	4냥5전	1냥7전	3냥5전	長山 以北 11邑	『大典會通』, 戶典 稅收
1865	5냥	2냥5전		嶺底 7邑	『大典會通』, 戶典 稅收

이 규정은 전세를 곡물이 아닌 돈으로 바꾸어 납부할 때 적용하는 환산율이다. 다시 말하면 조세납부 규정에 따른 환산방법이다. 따라서 시정에서 통용되는 환산율과는 차이가 날 수 있다.[23] 어쨌든 정부에서

---

21) 『備邊司謄錄』 34, 숙종 4년(1678) 1월 24일, 3권 339쪽 다~340쪽 가.

22) 『備邊司謄錄』 34, 숙종 4년(1678) 3월 24일, 3권 349쪽 나~라.

23) 정부가 정한 작전가가 아닌 시장에서 형성된 쌀값은 시기・지역별로 더 큰 차이가 난다. 1698년(숙종 24)에는 쌀 1석에 15냥, 1730년에는 1.5냥, 1783년 (정조 7) 함흥지방은 36냥이라는 기록이 있다(趙珖, 「19世紀 民亂의 社會的

규정한 환산율만 보아도 시기에 확연히 차이가 나는 것을 볼 수 있다.
위의 표에서만 보더라도 쌀의 경우는 최대 3냥, 콩은 1냥 8전, 좁쌀은
1.5냥 정도의 격차를 보이고 있다.

이와 같이 각 품목이 비교적 풍부하게 나는 지방과 그렇지 않은 지
방, 해마다의 풍흉 그리고 계절에 따라 품목들의 환산율은 바뀌기 마
련이다. 또한 시기별로 차이도 컸다. <표 3> 호조의 수입·지출 자료
에 나오는 세 시기는 70여 년이라는 시간의 격차가 있기 때문에 모든
시기에 일률적으로 환산율을 적용하는 것은 더더욱 위험하다. 아쉽지
만 호조의 수입과 지출의 총액을 비교하는 것은 접어두자.

그렇다고 이 자료들에서 아무런 소득을 얻을 수 없는 것은 아니다.
<표 3>을 살펴보면, 쌀을 제외한 다른 품목의 경우는 조금이나마 수
입이 지출을 상회하고 있다. 단, 쌀의 경우는 수입이 지출보다 약간씩
모자랐다.

이 사료들은 단지 3개년을 나타낼 뿐이라는 한계가 있지만, 각 왕조
대 수입·지출의 평균년이라는 점을 감안하면 의미가 적지 않다. 17세
기 후반 이후 호조의 수입이 지출에 비해 여유롭게 짜여 있지 않았으
며, 그 중에서도 특히 쌀 수입이 지출에 미치지 못했다는 사실은 눈여
겨볼 만하다.

호조로 들어오는 쌀의 수입은 대다수 전세를 통해 확보한다. 그런
데 쌀은 지출을 충분히 충족할 만큼 상납 받지 못했던 듯하다. 하지만
이 3개년의 자료로는 호조의 쌀 수입이 다른 해와 비교해 어느 정도
의 수준인지 알기 어렵다.

그것을 가늠하기 위해 18세기 자료를 빌려 와 보자.

背景」, 『19世紀 韓國傳統社會의 變貌와 民衆意識』, 1982, 192쪽 참조).

42

<표 5> 18세기 호조의 수입

년도	쌀(石)	좁쌀(石)	콩(石)	은(兩)	면포(疋)	베(疋)	돈(兩)	금(兩)
1700년 (숙종 上)	121,621	24,912	60,215	39,519	82,950	19,850	84,260	
1707년 (숙종 中)	107,914	31,158	53,158	17,733	87,350	13,550	66,260	
1713년 (숙종 下)	43,708	26,969	39,980	66,780	67,550	6,550	82,350	
1730년 (영조 上)	127,870	15,250	65,083	28,332	88,700	8,450	177,420	
1732년 (영조 下)	68,534	10,200	33,024	12,922	37,650	6,900	93,890	
1749년 (영조 中)	113,840	7,013	36,650	16,530	78,750	7,500	169,790	
1783년 (정조 下)	9,6728	4,233	41,634	808	68,926	7,761	208,959	
1785년 (정조 中)	127,620	4,037	41,393	620	72,012	6,657	219,830	
1790년 (정조 上)	120,576	3,973	42,856	2,197	81,596	6,939	409,997	38

출전 : 『增補文獻備考』155권, 財用考2 國用2 ; 『萬機要覽』財用編4, 戶曹
一年經費.

위의 18세기 호조 수입 자료들은 숙종·영조·정조 세 왕대 별로 수입이 최고, 중간 그리고 최소였던 해를 나타낸 것이다. 즉 위의 표에 표시한 (숙종 上)은 숙종대 수입이 최고였던 해이며, (숙종 中)은 숙종대 수입이 중간이었던 해 그리고 (숙종 下)는 수입이 최저였던 해를 나타낸다. 이렇게 세 왕대의 최고·중간·최저치를 나타내기 때문에, 18세기 중 단지 9개년도의 것이라는 한계에도 불구하고 이 자료들로 18세기의 호조 수입을 가늠하는 것이 가능하다.

숙종 때 쌀 수입 내역의 상·중·하를 보면, 가장 많았던 1700년이 121,621석이었고 중간 해인 1707년은 107,914석 그리고 가장 수입이 적었던 1713년은 43,709석이다. 영조 때에 쌀 수입이 가장 많았던 해

는 1730년인데 127,870석, 중간 해인 1749년은 113,840석, 그리고 제일
적었던 1732년은 68,534석이었다. 그리고 정조대는 상·중·하년이 각
각 1790년 120,576석, 1785년 127,620석, 1783년 9,6728석이었다.

<표 6> 18세기 호조의 지출

1685년 (숙종 下)	86,260	16,637	26,915	32,735	57,850	3,400	33,935	
1702년 (숙종 上)	121,650	19,092	51,732	23,100	11,580	14,900	81,850	
1714년 (숙종 中)	105,006	15,680	45,180	31,280	70,350	5,500	73,200	
1729년 (영조 下)	118,760	11,470	45,168	36,147	71,900	23,000	133,616	
1731년 (영조 中)	127,880	9,097	44,724	45,554	57,200	5,200	198,790	
1757년 (영조 上)	148,047	8,280	43,540	24,420	122,450	23,400	420,076	
1777년 (정조 上)	116,610	4,358	40,817	19,578	102,023	9,336	374,860	
1782년 (정조 下)	103,271	4,940	38,640	2,125	49,700	5,918	182,299	13
1792년 (정조 中)	117,152	4,074	43,827	983	63,950	6,477	274,890	

출전 : 『增補文獻備考』 155권, 財用考2 國用2 ; 『萬機要覽』 財用編4, 戶曹
一年經費.

지출도 수입과 마찬가지로 숙종·영조·정조 왕대 별로 각각 지출
이 가장 많았던 해와 중간 해 그리고 가장 적었던 해를 뽑아서 上·
中·下로 기록한 것이 남아있다.

숙종대 지출이 가장 많았던 해는 1702년으로 121,650석이고, 중간
해인 1714년은 105,006석 그리고 가장 적은 해 1685년은 86,260석이다.
영조대 지출이 최상이었던 때는 1757년으로 148,047석, 중간은 1731년

127,880석, 최하였던 해는 1729년으로 118,760석이었다. 정조대는 상·
중·하가 각각 1777년 116,610석, 1792년 117,152석, 1782년 103,271석
이다.

세밀하게 말할 수는 없지만, 숙종·영조·정조대에 쌀 수입이 가장
많았던 때는 대략 12만 석이고 평년은 10~11만 석 가량이었다. 또 쌀
지출이 가장 많았을 때는 12~14만 석이었고 중간은 10~13만 석이었
다. 그런데 쌀의 수입은 숙종과 영조대가 거의 비슷한 수준을 나타내
는데 지출은 영조대로 갈수록 1~2만 석 정도 늘어나고 있는 모습이
보인다.

이처럼 17세기 후반부터 18세기까지의 쌀 수입·지출 자료들은 모
두 쌀의 수입이 지출에 약간 미치지 못할 때가 많았음을 보여준다. 즉
조선후기의 호조 재정이 전기에 비해 어느 정도 수준으로 떨어졌는지
에 대해 정확하게 알 수는 없더라도, 위와 같은 자료를 통해 조선후기
에 호조의 전세 수입에서 가장 중요하게 여겨지고 있던 쌀의 수입이
지출에 비해 매년 부족한 상황이었다는 점에 대해서 인지하는 것은
가능하다.

다시 말하면 조선후기의 수세실결이 조선전기 보다 떨어졌다거나
영정법 이후 호조가 수세한 세액이 떨어질 수밖에 없도록 법제화되었
는지에 대해서는 명확하게 말하기 힘들다. 조심스러운 판단이지만, 호
조가 받도록 법적으로 규정되어 있는 전세의 액수는 후기가 이전 시
기에 비해 그다지 적지 않았을 가능성도 있다.

다만, 전세 품목 중 가장 중요하다고 할 수 있는 곡물인 쌀의 수입
이 지출보다 적었던 상황이 매년 반복되고 있었다는 사실은 상당히
명확하게 드러난다고 말할 수 있다.

숙종 23년(1679) 농사가 거듭 흉년이 들었으므로……우의정 崔錫鼎

이 箚子를 올리기를, "수입을 헤아려 지출하는 것은 나라를 다스리는 공통된 법입니다. 우리나라는 보통 해의 稅入은 13만여 석에 불과하지만 1년 경비는 12만 석에 이르는데, 宗廟와 백관의 소용이 3분의 1을 차지하고 그 2분은 養兵의 수요에 씁니다. 그런데 만약 재해와 흉년이 들면 세입이 줄어서 항상 새해의 수입으로 지난해의 비용을 이어가지 못하는 우려가 있습니다.……"[24]

이 사료에서 말하는 세입과 경비의 품목은 전세를 통해 들어온 모든 곡물을 말하는 것은 아니었다. <표 5>에서 보듯 쌀·좁쌀·콩의 세입만 합쳐도 수입은 15만 석 이상을 넘기 때문이다. 따라서 세입 13만 석은 모든 곡물의 수입을 합해서 말한 것이 아니라 쌀의 수입만을 일컫는 것임을 알 수 있다. 쌀의 수입이 줄어들어서 비용을 이어가지 못하는 우려가 있다는 말은 17세기 후반 이후 계속 문제로 남았다.

요컨대 조선후기 세입 부족의 문제는 전기에 비해 줄어들었느냐 아니냐 하는 부분을 떠나 생각해 볼 필요가 있다. 여태까지의 논의를 통해 확실하게 알 수 있는 것은 두 가지이다. 첫째, 규정되어 있던 전세 수입의 액수가 지출할 액수보다 많이 여유 있는 편이 아니었다. 둘째, 전세 품목 중 가장 중요하다고 할 수 있는 곡물인 쌀의 수입이 지출보다 적었던 상황이 매년 반복되고 있었다. 호조는 수입과 지출이 빠듯하게 짜여 있고 쌀의 수입은 매년 적자가 나는 상황을 해결할 필요성을 가지고 있었다.

---

24) 『增補文獻備考』155권, 財用考2 國用2, "二十三年以年事荐飢……右議政崔錫鼎箚曰量入爲出有國之通規我國常年稅入不過十三萬餘石 一年經費乃至十二萬石宗廟百官之奉居三之一其二爲養兵之需脫有灾荒稅入衰縮恒有新不繼舊之慮".

2) 給災 시행과 호조 經費 부족

호조의 재정 운영을 어렵게 하는 원인 중 하나는 정해진 비축재정이 없다는 점이었다. 매년 전세를 거두고 지출을 하는데, 만약 수입에 약간의 차질이 있다든지 혹은 예상치 못한 지출액이 생기면 이것을 해결할 방법이 없는 것이다.

따라서 호조의 수입에 차질이 생기면 宣惠廳과 관서지방 그리고 군문 등에 비축되어 있는 곡식을 빌려다 써야 하는 사태가 발생했다.[25) 자체 비축재정 없이 빌려 쓰는 일은 결재의 번거로움이 있었을 뿐 아니라 그것을 다시 갚을 일도 쉽지 않았다. 따라서 이런 문제들은 늘 심각하게 논의되었다.

호조의 재정 수입을 의논하는 과정에서, 호조가 수세를 할 수 있는 실결수가 예전에 비하면 매우 적기 때문에 수세에 어려움을 겪는 것이라는 분석도 있었다.

> 호조판서 정치화가 "경기 고을의 토지 결수가 옛날에는 13만 결이 었는데 지금에는 3만 결이 되었습니다. 토지가 개간되지 않는 것도 아 닌데 결수가 이와 같이 감축되었으니 다스려서 바루지 않으면 안 됩 니다." 하고, 공조판서 이완이 아뢰기를, "토지를 측량하는 일이 꼭 행 해야 될 일이지만 금년에는 백성들의 역이 많아 단호히 행하기는 어 려울 듯합니다."[26)

---

25) 『度支志』內篇 1, 官制部 戶曹. 1년의 歲入이 1년의 歲出을 지탱할 수 없다. 이에 宣惠廳에 쌀을 빌리고 西關의 쌀을 팔고 三營의 錢布를 요청해야 하 니 나라의 歲計가 날로 옹졸하지 않을 수 없다.
26) 『顯宗改修實錄』 현종 3년(1662) 7월 24일, 37책 281쪽, "戶判鄭致和日 畿邑 田結 舊則十三萬結 而今爲三萬結 地非不闢 而結數如是減縮 不可不釐正 也 工判李浣日 量田雖是必可行之事 今年則民役浩大 似難斷然行之矣".

1662년(현종 3)에 호조가 수세하는 경기도의 토지 결수는 3만 결이며, 이것은 예전 13만 결과 비교하면 4분의 1 이하로 줄어들었다는 것이다.

그러나 13만 결을 수세했던 예전이 언제였는지 확인할 방법이 없다. 그리고 이렇게 대폭 줄어든 것이 어떤 연유에 의한 것인지도 알 수 없다.

확인할 수 있는 경기도의 토지 수세결수에 대해 기록에 남아있는 것은 1744년 이후부터인데 대략 4~5만 결 정도이다.[27] 18세기 전반 이후로 호조가 경기도에서 수세한 실결이 13만 결 수준으로 돌아간 적은 없는 것이다.

앞 절에서 이미 서술했듯이, 호조가 전국에서 수세한 실결이 조선 전기에 비해 후기가 4분의 1 이하로 떨어지지는 않았다. 따라서 경기도의 실결이 대폭 감축되었다는 것이 사실이라 하더라도 그것 때문에 호조의 수세량이 같은 수준으로 하락한 것이 아님은 추측 가능하다.

그럼에도 양전의 필요성이 대두될 만큼 호조의 전세 수입에 문제가 있다는 주장이 나오는 것은 왜일까. 그것은 조금 전에도 말했듯이 호조가 비축하고 있는 재정이 없는 탓이었다. 그해 그해마다 거둔 수입으로 지출을 감당하다 보니 조금 차질이 생겼을 때도 그 차질이 민감하게 느꼈던 듯하다.

비축재정이 없었기 때문에 매년 결정되는 실결수와 그에 따른 수세량이 조금만 하락해도 호조로서는 대안이 없기 마련이었다. 따라서 호조는 수세량을 하락시키는 給災[28]에 많은 영향을 받고 있었다.

---

27) 『度支田賦考』, 田摠 出稅實結, 驪江出版社 영인본 上, 200~297쪽.

28) 給災 : 흉년 등 토지에 대해서 수세를 일부 감해 주거나 면제해 주는 일. [용례] "請給分災之邑 追給災結 臣曹有難獨斷 故就議于廟堂 令該邑守令 一 一親審災處 區別成冊 上送之意 覆啓分付本道矣"(『承政院日記』343, 숙종

<표 7> 給災 結數 (단위 : 結)

年度	급재결수	年度	급재결수	年度	급재결수	年度	급재결수
1744년	41,484	1769년	50,498	1794년	122,179	1819년	65,336
1745년	79,539	1770년	31,753	1795년	56,543	1820년	33,469
1746년	54,004	1771년	67,461	1796년	18,251	1821년	87,786
1747년	62,576	1772년	40,197	1797년	57,113	1822년	61,044
1748년	33,636	1773년	99,036	1798년	98,348	1823년	49,927
1749년	26,242	1774년	45,805	1799년	19,454	1824년	43,169
1750년	35,958	1775년	73,318	1800년	26,551	1825년	76,863
1751년	38,618	1776년	36,629	1801년	35,578	1826년	33,939
1752년	30,178	1777년	80,750	1802년	23,296	1827년	44,036
1753년	63,519	1778년	92,279	1803년	38,036	1828년	106,652
1754년	38,081	1779년	10,996	1804년	23,351	1829년	42,970
1755년	19,903	1780년	12,532	1805년	44,069	1830년	40,481
1756년	69,519	1781년	62,684	1806년	30,886	1831년	41,862
1757년	37,098	1782년	75,633	1807년	29,895	1832년	89,370
1758년	39,583	1783년	101,815	1808년	37,186	1833년	79,204
1759년	65,817	1784년	13,891	1809년	194,382	1834년	38,812
1760년	42,573	1785년	21,523	1810년	80,331	1835년	52,320
1761년	77,679	1786년	110,405	1811년	52,169	1836년	84,776
1762년	199,676	1787년	42,102	1812년	110,377	1837년	69,406
1763년	62,770	1788년	22,669	1813년	64,282	1838년	89,460
1764년	91,044	1789년	34,235	1814년	195,777	1839년	63,648
1765년	54,646	1790년	21,158	1815년	107,486	1840년	39,272
1766년	25,841	1791년	46,744	1816년	46,713		
1767년	42,658	1792년	99,459	1817년	71,075		
1768년	84,150	1793년	30,481	1818년	44,149		

출전 :『度支田賦考』, 田摠 給灾, 驪江出版社 영인본 上, 120~199쪽.

국가가 파악하고 있는 농토의 총 결수 즉 田總은 元帳付結數라는 이름으로 10년 단위로 장부에 기록되었다.[29] 그 중 流來陳雜頉로 분류되어 수세를 하지 않거나, 아문과 궁방 등에서 수세를 하고 있어서 免稅田으로 이름 붙여진 농토를 제외한 나머지가 호조가 실제로 수세

16년(1690) 12월 3일).

29) <표 1> 참조.

하는 대상이었다. 그런데 여기서 매년 급재라는 이름으로 수세를 면세
해준 나머지가 호조가 수세할 실결이었다.

흉년 등 토지에 대해서 수세를 일부 감해 주거나 면제해 주는 것을
급재라고 했다. 그런데 급재는 매년 이루어지는 국가의 상시 정책으로
자리 잡고 있었다.[30] 1744~1840년의 급재 현황을 알아보면 <표 7>
과 같다.

호조의 수세실결은 매년 가을에 결정되었다. 모든 田地는 매년 9월
15일 전에 각 지방의 수령이 급재할 수량을 결정한 후 이를 제외한 수
세량을 정하였고, 이것을 관찰사가 다시 査定하여 왕에게 보고하면
중앙정부에서 타당성을 심사한 후 결정하였다.[31]

급재가 요청되지 않은 해는 없었다. 즉 풍년이었던 해조차도 매년
급재가 이루어졌던 것이다. 지방관이 요청하는 급재 결수가 많아질수
록 호조가 걷을 수 있는 실결은 줄어들었는데, 특히 많은 급재가 요청
된 해에 호조의 재정 수입에 피해가 올 수밖에 없는 상황이었다.

그런데 급재를 요청하고 이를 승인해 주는 과정을 살펴보면 위의
기록에서 보여주는 급재수에 머무르지 않았음을 짐작할 수 있다. 급재
결은 원래 연분사목을 만들면서 같이 정한다. 연분사목은 앞에서 언급
했듯이 9월 15일 이전에 작성하도록 되어 있었다. 그러므로 급재결도
이때까지 정해야했다. 그리고 『度支田賦考』에서 기록되어 있는 실결
과 급재의 수량은 연분사목에 의거했을 가능성이 매우 크다. 하지만
급재 요청과 그 논의가 11월이나 12월에도 계속되는 일은[32] 자주 있

---

30) 『度支志』外篇20, 經費司 荒政部2 蠲減.
31) 『經國大典』,「戶典」收稅.
32) 『顯宗實錄』현종 6년(1665) 11월 10일, 37책 474쪽, "平安監司李正英馳啓 道
內朔州昌城碧潼理山渭原孟山等六邑 被災尤甚 如收稅米奴婢貢進封吏諸
役及月課軍器 請限今年蠲減 其餘列邑 亦量減諸役 下戶曹 回啓 請六邑收
米全減 奴婢貢半減 官糴一半收捧 月課軍器進封等役 竝停罷 義州等十二

50

었다. 연분사목 작성완료 이후에도 특별히 급재를 해 주는 일이 계속되었던 것이다.

연분사목은 추수 후에 수확량을 보고 작성하는 것이 아니었다. 9월까지 연분사목을 작성하고 추수와 함께 바로 조세를 걷기 위해서는 추수를 하기 전인 7~8월에 이미 재해판정을 내려야 했다. 따라서 연분사목은 추수 전의 상황을 보고 대략의 재해 상태를 짐작해서 작성했다.

그런데 연분사목 작성 전의 상황이 작성 후까지 그대로 이어지지는 않았다. 한반도에는 양력 9월 즉 당시로 치면 음력 8월께에 태풍이 지나간다. 풍년이라고 생각했던 작황이 태풍 후 급속도로 나빠지는 경우는 흔했던 것으로 추측된다. 물론 반대로 6~7월에 오는 여름 장마 때문에 흉작을 면하기 어려울 것이라 예견했어도 그 이후 태풍 피해가 심하지 않고 한 달 정도 쨍쨍 쬐는 햇볕을 받는 경우 예상치 못하게 괜찮은 수확을 할 수도 있다. 이런 변수 때문에 연분사목 작성 후에 작황상태가 변해서 다시 급재를 주어야 한다는 추가급재 요청은 당연시되었고 중앙정부는 이 요청을 무시하고 넘어갈 수 없었다.[33]

邑 竝減收米一斗 官糴令減三分之二 從之" ;『肅宗實錄』숙종 16년(1690) 12월 3일, 39책 233쪽, "右議政金德遠上箚 請給嶺南田災 又從湖南七邑守宰之疏 蠲役等事 一依庚辛兩年例 以副民望 上箚 以當與他大臣熟講而處之".
33)『備邊司謄錄』49, 숙종 21년(1695) 11월 21일, 4권 741쪽 다~라, "左議政柳所啓 臣有待罪事 敢此仰達 秋間各道年分事目議定時 非不逐條詳覽 而時當七月 兩南及關東 有稍稔之望 故不給田災矣 其後聞南中及關東 以不給田災 多以爲言 而給災之際 例有虛實相蒙之弊 故田災 姑爲不給 欲爲追後更稟之計矣 然如許凶歲 川反等處 所宜給災 而不給 致令窮民 歸怨朝家 此無非臣昏謬不察之致 故惶恐待罪矣 行戶曹判書李世華曰 大臣之引咎 實由小臣之昏謬 年分文書 例自地部磨鍊 稟議于大臣 凡有罪責 地部首宜當之 今秋事目磨鍊時 以兩南嶺東外川反覆沙等處 給災之意爲辭 一外字 政爲要害處 而臣未覺察矣 但設有外字 若川反等永無田形處 豈有不給災之理乎 諸道年分文書 姑未及上來 而各樣被災處 不應以全實懸錄矣".

이처럼 연분사목이 지난 후에도 급재 요청이 이어졌을 뿐 아니라, 급재 대상이 아니었는데도 흉년 등을 이유로 임의로 전세를 내지 않는 경우도 있었다.[34] 결과적으로 이것 또한 급재해 준 꼴이다. 이렇게 위의 자료에 기재되지 않는 급재량들이 있었음은 충분히 짐작할 만하다.

호조는 연분사목에서 정한 급재뿐 아니라 그 이후 특별히 신청되는 급재와 급재를 요청하지는 않았지만 조세를 내지 않는 경우 때문에 수세에 불안을 겪어야했다. 이런 불안은 비축곡이 없었던 호조가 대비하기에는 역부족이었다. 매년 다른 수량의 급재를 허락하고 그만큼 수세액이 줄어들었던 호조가 필요한 것은 비축재정이었다.

2. 호조의 軍資穀 운용

1) 호조의 軍資穀 사용

비축재정이 필요했던 상황에서 호조는 이를 찾으려고 노력하고 있었다. 호조는 우선 흩어져 있는 각종 수세원을 모아서 호조 관할로 넣었다.

임진왜란 때 있던 句管廳을 전쟁이 끝난 후 폐지했는데, 이곳에서 관리하던 쌀과 콩 2,000여 석 그리고 목면 사십여 동을 호조의 경비 부족분을 채우려고 가지고 왔다.[35] 또한 산림천택에 대한 조세를 호조가 통괄 관리하는 것으로 정하였으며,[36] 둔전과 염분에 대한 수세도 호조로 가지고 와서 경비로 쓰도록[37] 하였던 것이다. 이후에도 각 아

---

34) 『肅宗實錄』숙종 17년(1691) 7월 3일, 39책 249쪽.
35) 『備邊司謄錄』30, 현종 12년(1671) 10월 16일, 3권 121쪽 가~나.
36) 『備邊司謄錄』31, 숙종 1년(1675) 5월 11일, 3권 169쪽 나~다.

문 궁가 소속 선박, 어염, 어장 정수 외는 모두 호조의 수입으로 하도
록 지속적인 노력을 폈다.[38)

이렇게 여러 수입을 호조로 넣었지만, 그것이 호조의 재정 문제 타
개에 결정적인 영향을 주지는 못했던 것 같다. 이때 호조가 눈을 돌린
것이 軍資穀이다.

호조는 군량 마련과 비상시의 대비를 위해 원래는 호조가 받아야
하는 전세를 받지 않고 대신 군사기지가 있는 지역의 전세를 군사기
지에 저장, 즉 捧留[39)해 놓았거나 근처의 전세를 옮겨놓았는데 이것
이 군자곡이다. 남한산성과 북한산성 그리고 강화도 등지에 저장되어
있던 군자곡은 모두 호조의 전세를 대신 봉류해 두었던 것이다.

경기도 利川의 稅米 100석은 御供米로서 매년 南漢山城에 移納했
다. 그리고 육상으로 운송하는 경기도 9개 邑[40) 전세의 쌀 가운데 300
석을 御供米로써 매년 돌려가며 北漢山城에 移納했다. 경기도 江華
府·開城府의 세미는 그냥 본부에 남겨두어 留守·經歷의 月稟 및
여러 가지의 放料로 삼았다. 또 경기도 廣州府의 세미는 1686년부터
본부의 군량으로 會錄하였다. 그리고 충청도의 泰安에서 전세로 납부
하는 쌀과 콩은 御供으로서 강화도에 移納했다.[41)

이렇게 호조로 가져 오지 않고 군사기지에 놓아둔 군자곡은 일부를
군인의 급료 등으로 평상시에 쓰기도 했지만, 많은 부분은 전쟁을 대

---

37) 『備邊司謄錄』 31, 숙종 1년(1675) 9월 7일, 3권 192쪽 가.
38) 『備邊司謄錄』 38, 숙종 10년(1684) 7월 17일, 3권 767쪽 라.
39) 捧留 : 농민들에게 조세를 걷은 후 중앙으로 보내지 않고 지방관청에 그대로
    놓아둠. 지방관청에서 특별한 쓰임새가 있다고 판단할 때 중앙정부에서 허
    락함. [용례] "旱田給災, 貢物以錢布代給, 公賤許以自贖, 又請各邑田稅, 竝
    令折半上納, 折半捧留, 以備明春賑需"(『肅宗實錄』 29, 숙종 21년(1695) 9월
    27일).
40) 龍仁, 安山, 果川, 衿川, 永平, 抱川, 富平, 仁川, 陽川.
41) 『度支志』, 外篇6, 版籍司 田制部4 租稅.

제1장 17세기 후반 호조의 수세 실태와 세원확보정책 53

비해서 저장해 놓고 있었다. 전쟁을 대비한다는 중요한 명목상의 이유 때문에 군자곡은 함부로 손대면 안 되는 국가재정이었다.

호조는 군자곡에 눈을 돌리기보다, 양전을 시행해서 누락된 농토를 찾아내고 수세체계를 공고히 하는 등 체계적인 제도의 재정비를 하는 것이 더 근본적인 대책이었을 것이다. 하지만 그런 체제 정비는 많은 노력과 시간을 요하는 것이었다. 호조는 이런 대대적인 정비보다는 우선 어떻게 급히 세원을 확보할 것인지에 더욱 관심을 가지고 있었다.

따라서 이미 호조의 권한 밖으로 돌려놓았지만, 현재는 당장 용도가 없는 여유비용인 군자곡을 끌어 쓰는 방식은 호조에게 매력적인 선택이었다. 호조는 강화와 관서 등지에 저장해 놓은 군자곡을 호조재정으로 돌려쓰기 시작했다.[42]

"祿糧의 부족은 江都의 쌀을 대신 가져다 쓸 것을 이미 진달하였습니다. 듣건대 關西 각 창고에 면포 25만여 필과 돈 32만 냥이 있다고 합니다. 지금 本曹의 일이 이처럼 窮急하니, 급히 변통하지 않을 수 없습니다. 관서의 면포 3만 5천 필과 돈 6만 냥을 한도로 하여 지금 곧 운반해 와서 보충해 쓰고, 돈과 면포의 代는 1년條 稅穀으로 갚도록 하소서." 하니, 임금이 윤허하였다.[43]

---

42) 『備邊司謄錄』 30, 현종 12년(1671) 2월 1일, 3권 83쪽 라 ; 『備邊司謄錄』 30, 현종 12년(1671) 2월 2일, 3권 85쪽 나 ; 『備邊司謄錄』 30, 현종 12년(1671) 2월 14일, 3권 85쪽 나 ; 『備邊司謄錄』 30, 현종 12년(1671) 12월 28일, 3권 127쪽 다 ; 『備邊司謄錄』 33, 숙종 3년(1677) 11월 6일, 3권 325쪽 다~라 ; 『備邊司謄錄』 35, 숙종 5년(1679) 2월 20일, 3권 412쪽 다.

43) 『增補文獻備考』 155권, 財用考2 國用2, "祿糧不足代江都米取用旣已陳達 聞關西各庫有綿布二十五萬餘匹錢三十二萬兩云 目今曹事若是窮急 不可不急時變通關西綿布限三萬五千匹錢六萬兩 趁今輸來以爲補用 錢布代則請以一年條稅穀還報 上允之".

전쟁이라는 국가의 비상사태를 위해 비축해 놓은 군자곡은 원칙적
으로 재정으로 사용할 수 없었다. 하지만 전쟁대비도 중요하지만 진휼
을 포기하지 않으려는 왕의 뜻이라는 언급과 함께 호조의 군자곡 사
용은 용인되었다.[44]

사실 군자곡은 이 시기에 이미 진휼곡의 부족 등 재원이 필요한 때
에 사용되고 있었다. 따라서 호조가 급재 이후 모자란 재정을 보충하
는 데에 군자곡을 대여하는 것은 어색한 일이 아니었다.

강화도에 비축된 군자곡인 강화미의 경우를 보면 보통 경기도에 흉
년이 들었을 때 진휼곡으로 사용되었으며,[45] 서울의 기근을 구제할 다
른 방도가 없을 때에도 이것을 가져갔다.[46] 이후 강화도미는 아예 진
휼곡으로 정식 分給되기도 했다.[47] 이렇게 군자곡은 평소에는 진휼,
전쟁 시에는 군량으로 쓴다는 명목이 정착되어 갔다.[48]

군자곡을 예비재정으로 사용한 것은 군자곡의 운영과 이해가 맞아
떨어지는 면이 있었기 때문이었다.

군자곡은 쌀 등의 곡식인 현물을 저장해 놓은 것이다. 그런데 오랫
동안 비축만 해 놓으면 자연적인 부패를 막을 방법이 없었다. 쌀이나
콩 등을 저장할 수 있는 연한은 5~7년 정도이다.[49] 이 기간이 지나기

44) 『備邊司謄錄』30, 현종 12년(1671) 4월 8일, 3권 93쪽 나. 흉년이 들면 전세를
    본읍에 그대로 남겨 진휼에 쓰게 하고, 그 때문에 고갈된 호조의 경비를 관
    서와 강도미를 가져다가 쓰는 것은 진휼하려는 왕의 뜻에서 나온 것이다.
45) 『顯宗改修實錄』37, 현종 8년 7월 2일, 37책 571쪽 ; 『備邊司謄錄』30, 현종
    12년(1671) 5월 일, 3권 96쪽 다~라.
46) 『肅宗實錄』8, 숙종 5년 2월 13일, 38책 403쪽.
47) 『備邊司謄錄』36, 숙종 8년(1682) 4월 15일, 3권 498쪽 나.
48) 『度支志』外篇12, 會計司 倉庫部 倉庫, "숙종 43년(丁亥 1717)에 전교하기
    를, '還上穀은, 위급한 일이 있으면 軍糧으로 하고 凶年을 만나면 賑貸하는
    밑천으로 하려는 것인데'……".
49) 『備邊司謄錄』36, 숙종 8년(1682) 4월 15일, 3권 500쪽 가.

전에 비축해 놓았던 묵은 곡물을 새 곡물로 바꾸어 넣어야 했다. 이것을 改色[50]이라고 한다. 국가재정이나 진휼에 군자곡을 사용한 것은 이 같은 개색에 필요한 작업이었다.

영의정(金壽恒)이 아뢰기를 "어제 전라감사 李師命의 장계를 보니 '沿海 각 읍의 모맥이 모두 흉년이어서 민간의 사정이 매우 절박한데 본도에 곡물이 다하여 더는 구호할 길이 없으니 조정에서 모종 곡물을 찾아 지급해 주소서' 하였습니다. 장계가 도착하기 전에 영암군수 申鑠가 올라와 신 등에게 급박한 사정을 고하였습니다. 그 말을 들으니 '본도의 모맥은 비록 모두 부실하긴 하나 타읍의 경우는 그래도 당장은 지탱해 나갈 수 있습니다. 그러나 연해의 모든 읍은 재해가 가장 참혹하고, 그 가운데 10개 읍의 경우는 전혀 거둘 것이 없으니 현재 민간에서는 모두 허둥대며 눈물짓는 중입니다. 이 달을 넘긴다면 대부분 굶어 죽을 것이니 반드시 1만 석 곡물을 얻어야만 10개 읍민을 구제할 수 있습니다. 그러나 본도에는 옮겨 줄 만한 곡물이 없습니다. 조정에서 특별히 구제하지 않는다면 많은 백성들이 곧 죽게 될 형편입니다.' 하였습니다. 들을 때에 매우 놀랍고 비참하였습니다만 京廳의 곡물도 모두 고갈되어 달리 손 댈 곳이 없습니다. 그런데 江都의 묵은 쌀이 자그마치 1만여 석에 달합니다. 본부에서 일찍이 금년에 햅쌀로 바꾸도록 논보하여 진휼청에서 가져다 사용하고 가을에 가서 햅쌀로 바꾸려 하였으나 아직 미처 가져오지 못하였습니다. 군량이 비록 중하긴 하나 이쯤 되었으니 달리 돌아볼 겨를이 없습니다. 그 가운데 심하게 묵지 않은 것으로 1만 석 범위에서 방출하도록 하되 묵은 쌀

---

50) 改色 : 관청에서 비축해 놓은 곡식이 부패하는 것을 막기 위해서 저장할 수 있는 연한이 지나가기 전에 비축해 놓았던 묵은 곡물을 새 곡물로 바꾸어 넣는 것. [용례] "江都陳米 多至萬餘石 本府曾以趁今年改色之意論報 故自賑恤廳欲爲取用 待秋改色 而姑未及取來矣"(『備邊司謄錄』 37, 숙종 9년 (1683) 6월 11일).

56

이 부족한 경우 새쌀로 채워서 서둘러 수송하여 가져다 먹이도록 하는 것이 마땅합니다. 또 도내 각 읍 산성의 군량 가운데 창고에 비축되어 있는 것이 있으면 남김없이 나누어 주도록 하라고 역시 본도에 분부하는 것이 어떻겠습니까?"51)

영남과 호남에 기근이 들어 진휼해야 한다는 말에 강도미를 진휼곡으로 사용하자는 말이 나오는 것은 강화도미를 개색할 필요성이 있었기 때문이었다.

그런데 개색의 필요성은 진휼이라는 사안의 본질을 흐릴 만큼 강조되는 모습이었다. 개색은 곡식이 부패해서 사용할 수 없게 되는 것을 막기 위해서 곡식이 부패하기 전에 그것을 쓰고 새 곡식으로 채워 넣는 것이다. 그런데 이미 거의 썩어가고 있는 군자곡을 개색해야 한다는 이유로 진휼곡으로 나누어주자는 주장까지 합리화되고 있었다.

강화도미 또한 난처합니다. 몇 년 동안 쌓아놓아 오래된 곡식은 썩어서 버리지 않을 수 없을 것입니다. 임자 계축년에 받아 창고에 있는 쌀 중 臣이 그 중 심한 것을 가지고 밥을 지으니 신 냄새가 나고 죽을

51) 『備邊司謄錄』37, 숙종 9년(1683) 6월 11일, 3권 669쪽 나~다, "領議政所啓 昨見全羅監司李師命狀啓 則沿海各邑 年麥全失 民間形勢 萬分切急 而本道穀物已盡 更無救活之路 請自朝家覓給某樣穀物矣 狀啓未到之前 靈巖郡守申錄 上來告急於臣等 聞其所言 則本道年麥 雖皆不實 他邑則猶可支過目前 而沿海諸邑 被災最酷 其中十邑則令無所收 卽今民間 皆在遑遑呼泣之中 若過今月則擧將塡壑 必得一萬石之穀 可以分賑十邑之民 而本道旣無餘穀可以推移 自朝家 若不別樣救濟 則許多民命 勢將立視其死云 聞來極可驚慘 京廳穀物 亦皆匱竭 他無下手之地 江都陳米 多至萬餘石 本府曾以趁今年改色之意論報 故自賑恤廳欲爲取用 待秋改色 而姑未及取來矣 軍餉雖重 到此地頭 他不暇顧就其中不甚陳腐者 限一萬石使之移轉 而陳米不足則以新米充數 急速船運 以爲急時往哺之地宜當 且道內各邑山城軍餉 如有留庫之數 則無遺分賑之意 亦爲分付本道 何如".

끓이니 점성이 없어서 만약 계속 일 이년을 두면 틀림없이 붉게 변질
될 것이니 먹을 수 없게 될 것입니다. 빨리 지금 변통하여 각 읍에 분
급하되 그 중 더 심하게 상한 것은 元石의 수를 감하고 그 다음은 이
자를 감해서 개색하여 납부하게 하면 좋을 듯합니다.[52]

밤을 지으면 이미 신 냄새가 나는 정도의 쌀을 진휼 명목으로 나누
어주고, 그 중 가장 심한 것만 제외하고는 새 쌀로 다음에 갚도록 하
면 된다는 논의가 공공연히 이루어지고 있었다.

이런 일은 한두 번에 그치지 않았던 것 같다. 묵은 곡물을 나누어
주는 데에 불만을 품은 사람들이 반기를 들었던 것이다. 경기도에서
묵은 콩을 개색하려고 나누어준 일이 있었는데, 사람들이 이를 반대하
고 받기를 원하지 않는다는 의견으로 啓를 올린 일까지 있었다.[53]

심지어 군자곡으로 이식사업을 하기도 했다. 강화미를 빌려준 후
다시 받을 때 해마다의 모곡을 계산하여 받아서 원망을 샀던 것이
다.[54] 물론 이렇게 모곡을 받는 것에 대해서 빌려줬다가 돌려받을 때

---

52) 『備邊司謄錄』36, 숙종 8년(1682) 4월 15일, 3권 499쪽 다, "江都軍餉 亦出難
處 積年陳久之穀 將不免腐棄之患矣 壬子癸丑所捧之米 當在庫中 臣取其
甚者 而使之炊飯 則有酸臭 作粥 則無粘氣 若又仍置一二年 則必將紅腐 而
不可食矣 趁今變通分給各邑 其中尤甚傷者 元石或減斗數 之次或除其耗
而使之改色以納 則似或便當".

53) 『備邊司謄錄』36, 숙종 8년(1682) 4월 15일, 3권 499쪽 라~500쪽 나, "又所啓
江都軍餉 亦出難處 積年陳久之穀 將不免腐棄之患矣 壬子・癸丑所捧之米
當在庫中 臣取其尤甚者 而使之炊飯 則有酸臭 作粥 則無粘氣 若又仍置一
二年 則必將紅腐 而不可食矣 趁今變通 分給各邑 其中尤甚傷者 元石或減
斗數之次 或除其耗 而使之改色以納 則似或便當 而但前留守李選 在任時
以陳太 分給於京畿・黃海兩道 使之改色事啓聞蒙允 而厥後京畿監司鄭載
禧 又以塵土相雜 民不願受 爲之防啓 其時陳太 尙多未散之數 則今此陳米
必無願受之理 此米何以處之".

54) 『承政院日記』389, 숙종 26년(1700) 2월 15일, "(徐)文重曰 江都米散在者 缺
近因年凶 多未還納 年久後 始爲輸納江都 逐年計耗引捧 民甚爲冤 蓋其未

58

손실분을 보충하기 위한 것이라는 변명이 있었지만,[55] '별도로 덜어내어 필요에 사용하려는 것이다'는 의혹의 눈길 또한 있었던 것이 사실이다.[56]

현물재정을 이용할 때 주기적으로 곡물을 새 곡물로 바꾸어 주어야 하기 때문에 생긴 개색이라는 작업은 군자곡 유지에 중요한 장치로 존재했다. 군자곡은 이 장치를 적극적으로 이용하고 있었다.

군자곡은 명분상의 군사재정을 벗어나 예비재정으로 전환되고 있었다. 거의 부패한 군자곡을 진휼로 분급해서 이를 통해 새 곡물을 돌려받는 것을 저지하지 않은 것은 군자곡이 먼 미래 언제 쓰일지 모르는 군사재정이었기 때문이 아니라 일상적으로 사용되는 국가예비재정으로 인식되고 있었기 때문이었다.

군자곡이 예비재정으로 전환된 형태로 이용되고 있었기에, 호조 이외의 국가기관들도 급재 이후 모자라는 경비에 대한 방편으로 군자곡을 사용했다.

지중추부사 오정위가 계를 올리길, "호우의 진정은 지금 강구해야 하는데 타도의 곡물을 이전하여 받아온 것을 갚을 때 그 폐단이 적지 않습니다. 本道의 대동수미 가운데 중영수와 관수로 저치[57]해 놓은

捧在民 不當有耗故也 取考本司文書 則頃年因京畿監司覆啓 使之三捧受去 還納兩年耗 而江都無論遠近 計年徵耗 事甚不當 依前定式施行之意 江都 及京畿監司處 分付 何如 李寅燁曰 不但畿邑 兩西移轉亦然 亦令一體爲之 何如 上曰 依爲之".

55) 『備邊司謄錄』 42, 숙종 14년(1688) 12월 5일, 4권 163쪽 라.
56) 『備邊司謄錄』 42, 숙종 14년(1688) 4월 15일, 4권 133쪽 다~134쪽 나, "領議 政南曰 校理兪得一 以反庫御史在江都時 不爲先稟於朝廷 創設斛上三升之 規殊涉率爾 故旣已推考其時 或以爲每斛加入三升 當別爲計除出用云".
57) 儲置 : 조세를 중앙으로 상납하지 않고 지방에 유치해 놓는 일. {용례} "大同 儲置卽 國家正供之載留者也 還上各穀卽 軍國兵荒之所需"(『居官大要』, 公

것과 사객지공미 등 상납하여야 하는 수량은 계산해서 제하고 각 읍에 남겨두어 진구할 자원으로 삼고, 대동청은 강화에 있는 제방미를 획급하여 本廳으로 옮겨와 쓰게 하고 또 어영청과 훈국별대정초 등 保米를 금년에 상납하여야 하는 수를 계산하면 4천여 석에 이르니 또한 모두 상납하지 말고 그 읍들에 남겨 놓아 진자를 보충하게 하고 그 대신에 진휼청이 상환하기를 기다려서 굶주린 백성이 이전하는 폐를 없애는 것이 어떻겠습니까." 임금이 말하길 "그렇게 하라." 좌의정 권대운이 啓를 올려, "호서수미는 이미 본도에 남겨놓았으니 전세 또한 모두 남겨 두어 진자에 보용하고 그 대신에 제방미를 호조에 주는 것이 어떻겠습니까." 임금이 말하길 "그렇게 하라."58)

호조뿐 아니라 대동미를 받는 선혜청과 보미를 받는 어영청·훈련도감 등의 중앙재정기관들도 급재를 실시하였다. 호조에게 요청했던 것과 마찬가지로 지방관들은 진휼 실시를 이유로 이미 걷은 조세를 중앙재정기관들로 운반하지 않고 지방에 유치하기를 원하는 일이 잦았다. 어차피 진휼곡을 나누어 주어야 할 급박한 상황인 지역에서 타 지역의 곡식을 빌려서 운반해 오기보다는 이미 걷은 조세를 중앙으로 납부하지 않고 그 지방관청에 남겨놓아 진휼곡으로 사용하는 것이 더 효율적이라는 설명이었다. 이 때문에 발생하는 중앙재정기관들의 손실분은 여유분으로 남아 있는 군자곡으로 해결하는 식이었다.59)

穀 謹守).

58) 『備邊司謄錄』 33, 숙종 3년(1677) 10월 4일, 3권 319쪽 가~다, "知中樞府事吳挺緯所啓 湖右賑政 今方講究 移轉他道穀物受來還償之際 其弊不貲 本道大同收米中營需官需儲置 使客支供等米 計除應上納之數 則仍留各其邑 以爲賑救之資 大同則以江華所在除防米劃給 使本廳輸來需用 且御營廳及訓局別隊精抄等保米 計今年上納之數 則將至四千餘石矣 亦全勿爲上納捧留其邑 以補賑資 其代則自賑廳待年還償 以除饑民移轉之弊 何如 上曰 依爲之 左議政權(大運)所啓 湖西收米旣已捧留本道 則田稅亦一體捧留 以補賑資 而其代亦以除防米 計給於戶曹 何如 上曰 依爲之".

예비재정이 없다는 것이 호조의 재정운영에서 가장 문제가 되는 부분이었다. 호조는 전쟁 등 불시에 필요했기 때문에 저축해 놓았던 군자곡을 예비재정으로 가져다 쓰는 방식을 택했다. 군자곡은 호조뿐 아니라 다른 국가기관의 예비재정으로도 사용되고 있었으며, 진휼로도 분급되고 있었다. 현물로 비축된 군자곡은 일정 기간이 지나기 전에 새 곡물로 갈아주어야만 부패를 막을 수 있었다. 이런 개색을 이유로 군자곡은 중앙재정의 예비재정으로 적극 활용되고 있었다.

2) 軍資穀의 감축

호조가 군자곡을 예비재정으로 사용한 재정 운영책은 재정 수입 부족 문제를 잠시 무마해 주는 듯했지만 또 다른 문제를 일으키고 있었다. 재정 보충용으로 빌려준 군자곡은 환수에 어려움을 겪는 경우가 많았고 군자곡의 비축량이 자꾸 줄었기 때문에 군자곡을 계속 사용하는 점에 대해 지속적으로 이의가 제기되었다.

급재는 원래 완전히 탕감을 해 주는 제도가 아니었다. 그 해의 농사가 잘 되지 않았기 때문에 특별히 면제해 주지만, 그 다음해에 농사가 잘 되면 이전 해에 면제받은 수량을 납부해야 했다. 하지만 앞서 급재 결수 표에서도 보았듯이 매해 급재가 이루어지지 않은 때가 없었고, 해마다 정해진 수량보다 적게 수세를 했던 상황에서 이전 해에 급재 받은 수량을 다음해에 납부할 수 있는 경우는 많지 않았다.

또 아뢰기를 "간원의 아뢴 바에 따라 진휼청 곡물을 서울의 백성들에게 나누어주고 가을에 가서 값을 거두라고 명하셨습니다. 일찍이 과거에 진휼청에서 곡물을 내어주고 추후 값을 거두도록 하였으나 2~3

---

59) 『備邊司謄錄』 31, 숙종 1년(1675) 2월 8일, 3권 145쪽 가~나.

년 전에 내어준 값도 아직 모두 거두지 못하였습니다. 또 본청의 2~3
使令으로는 사실 서울의 많은 家戶를 두루 다니기 어렵고 각 동네 하
인을 시켜 독촉하여 거두어들인다 해도 역시 번거롭고 소요스런 일은
이루 말할 수 없습니다. 대신이 비록 곤궁한 백성을 걱정하여 이를 논
하여 아뢰었으나 지금 없는 부류가 가을에 가서 반드시 갖추어 상환
할 길은 없습니다."60)

진휼곡으로 내어준 곡물을 돌려받기 힘든 것이나 호조에서 급재해
준 곡물을 돌려받기 힘든 것은 같은 사정 때문이었다. 이전 해에 급재
받은 것과 그 해에 낼 전세를 모두 감당할 만큼 농작을 하기 어려움은
당연하다.

농사가 풍년이 아니었다며 탕감을 해 달라는 요청은 잦았다.61) 이
렇게 탕감을 하고 나면 빌려 썼던 군자곡을 돌려줄 수 없었던 것이
다.62) 돌려받지 못하는 일이 빈번해짐에 따라 점차 군자곡의 비축량이
축소되었다.

행부사직 柳赫然이 아뢰기를, "江都의 군량미는 겨우 10만 석은 되
나 지금 남아있는 것은 4만 석도 되지 않습니다. 나라의 保障이 되는
곳에는 군량이 소중한 것입니다. 종전에 빌려 쓸 때에는 상관할 방도

---

60) 『備邊司謄錄』42, 숙종 14년(1688) 3월 15일, 4권 121쪽 나, "依爲之又所啓
因諫院所啓有賑廳穀物分給都民 待秋捧價事命下矣 曾前自賑廳出給穀物
使之追後納價 而數三年前出給之價 尙未盡納 且本廳以數三使令 實難遍往
於京中許多家戶 以各洞內下人 督令捧納則亦不勝其煩擾 臺臣雖軫窮民有
此論啓 而卽今無錢之類 秋成必無備償之路".
61) 『承政院日記』248, 숙종 1년(1675) 7월 1일, "領議政許積所啓 咸鏡道壬子以
上戶曹會付還上 十三萬五千餘石 旣已蕩滌 而至於常平廳賑恤廳還上 壬子
以前未捧者 二萬二千六十七石零 則不在此中 似當一體蕩滌矣 上曰 依爲
之".
62) 『備邊司謄錄』50, 숙종 25년(1699) 3월 6일, 4권 770쪽 나~다.

를 고지한 뒤에 썼었습니다. 진휼청에서 쓴 것은 가을에 곡식을 받아
들인 뒤에 전량을 상환하겠다 합니다. 선혜청과 각 아문에서 빌려 쓴
것도 모두 전량 상환케 하는 것이 어떻겠습니까?"63)

숙종 5년에는 각 아문에서 강화미를 빌려갔다가 갚지 않은 탓에 강
화미의 저치액이 10만 석에서 4만 석으로까지 줄어들기까지 했다.
전쟁이라는 불시를 대비해서 군자곡을 저축해 놓은 것이었던 만큼,
빌려간 군자곡의 환수가 현실적으로 어려워지자 축소에 대한 문제점
이 끊임없이 지적되었다. 아울러 진휼곡으로 빌려간 군자곡을 잘 갚도
록 하기 위한 조처들이 속속 논의되었다.
수령이 임기를 마칠 때, 이전에 빌려 썼던 군자곡을 환수했다는 회
계책임을 지도록 하는 대책이 강구되기도 하였다.64) 또 군자곡 대신
각 국가기관의 저축곡을 돌려쓰도록 하였다.65)
그러나 이 정도로 해결될 문제가 아니었다. 빌려간 군자곡을 잘 갚
으라고 말해도 갚지 않으면 그만이었고, 군자곡 대신 일시적으로 각
국가기관의 저축곡을 돌려쓰면 군자곡과 같은 문제가 일어날 뿐이었
다. 가장 좋은 대책은 군자곡을 아예 쓰지 않는 것이었다.66)

---

63) 『備邊司謄錄』 35, 숙종 5년(1679) 3월 4일, 3권 414쪽 가~나, "行副司直柳赫
然所啓 江都軍餉 纔可十萬石 而卽今遺在未滿四萬石 保障之地 軍餉爲重
從前貸用之時 告計還償之策而後用之矣 賑恤廳所用 則秋捧後當爲准償云
宣惠廳及各衙門取用者 竝令准償何如".

64) 『承政院日記』 251, 숙종 2년(1676) 2월 21일, "領議政許積請對入侍時 都承
旨鄭楷所啓 江都米穀 卽軍餉也 而畿甸各邑 每因年凶 以移轉多數 受出還
納之際 不能畢納 或有未收之處 事甚未妥 未收之邑 若使拘礙於解由時 則
庶可著實收捧 無未收之弊矣 上曰 依爲之".

65) 『備邊司謄錄』 33, 숙종 3년(1677) 11월 15일, 3권 334쪽 가~나 ; 『備邊司謄
錄』 36, 숙종 8년(1682) 8월 10일, 3권 537쪽 라 ; 『備邊司謄錄』 36, 숙종 8년
(1682) 8월 20일, 3권 540쪽 라.

66) 『肅宗實錄』 32, 숙종 24년(1698) 10월 21일, 39책 508쪽.

임금이 말하기를 "강도의 비축은 오로지 위급에 사용하기 위한 것
이다. 나의 뜻도 늘 번번이 가져다 사용하는 것을 우려하고 있으나,
눈앞의 경비가 급하여 지난번 비국의 초기에 윤허한 것이다. 지금 승
지의 말을 들으니 나의 뜻과 부합된다. 금번 윤허한 바의 곡물을 가져
다 사용하라는 명을 도로 중지하고 묘당으로 하여금 다시 분별해서
헤아려 경비의 부족을 돕게 할 것이며, 앞으로는 비록 1석의 곡물일지
라도 강도에서 가져다 사용하지 말도록 하는 것이 좋겠다." 하였다.[67]

군자곡을 국가경비로 사용하지 말자는 이야기는 종종 나왔다. 그런
데도 군자곡이 아니면 급재 때문에 생긴 재정 수입의 공백을 메울 방
법이 없다는 주장이 계속 설득력을 얻고 있었다.[68] 군자곡을 축내는
것은 우려되는 일이었지만 일단 백성을 구제하는 것이 먼저라는 것이
결론이었다.[69]

군자곡은 매년 수량이 달라지는 급재 때문에 예비재정이 필요했던
호조가 유용하게 사용했던 예비재정이었다. 군자곡은 이미 진휼 용도
로 분급되고 있었고, 호조 이외에 다른 국가기관들도 보충재정으로 사
용하고 있었다.

---

67) 『備邊司謄錄』 34, 숙종 4년(1678) 8월 21일, 3권 369쪽 나, "上曰 江都儲蓄
專爲緩急之需 予意常以每每取用爲慮 而急於目前經費 頃日姑爲允許於備
局草記矣 今聞承旨之言 合於予意 今番所許之穀 還寢取用之命 而令廟堂
更爲分別料理 以助經費之不足 此後則雖一石之穀 切勿取用於江都可矣".

68) 『備邊司謄錄』 35, 숙종 5년(1679) 2월 15일, 3권 409쪽 라~410쪽 가, "左議政
所啓 今年凶歉 畿甸尤甚 都民飢餒 方在萬分地頭 而各衙門穀物 已盡無餘
以賑恤廳訓局別隊管及戶曹所儲之穀千餘石 發賣民間 以爲救急之地 而亦
不能周及 江都所儲 乃是軍餉 每每取用 誠爲可慮 而第念有民然後軍餉可
論 江都米一萬石運來發賣 以救都民一時之急何如 上曰 軍餉米移用 亦甚
可悶 而今無推移之路 一萬石運來發賣 庚辛兩年 以戶籍磨鍊分賣 今亦依
此例 分付五部 以戶數發賣 俾無民間不均之弊可也".

69) 『備邊司謄錄』 35, 숙종 5년(1679) 3월 13일, 3권 416쪽 가~나.

그런데 쓰고 나서 이듬해에 돌려주기로 되어 있던 군자곡을 돌려주지 못하는 경우가 자주 발생하였고, 군자곡의 비축상황은 악화되고 있었다. 다른 방도가 없었기 때문에 군자곡을 예비재정으로 사용하고 있었지만, 사실 군자곡의 비축상황이 나빠질수록 호조는 다른 예비재정을 확보해야 할 필요성이 절실해졌다.

17세기 예비재정 확보문제에 부딪힌 호조가 택한 방법은 군자곡의 사용이었지만, 이것은 완벽한 해결책은 아니었다. 17세기 후반을 거치면서 호조는 새로운 세원 마련과 비축재정 마련을 위한 또 다른 방법을 강구해야 했다.

조선후기에 이르면 호조는 매년 전세재정 부족 문제에 부딪혔다. 이는 지출과 수입이 겨우 균형이 맞게 짜여 있는 상태에서 해마다 급재로 인해 전세 수입이 예상만큼 확보되지 못했기 때문이었다. 이에 대해 호조는 양전 등의 방법으로 기본 전세 수입을 확대하기보다는 예비재정을 확보하는 쪽으로 전세 수입 부족에 대한 정책의 방향을 잡았다. 예비재정 확보를 위해 새로운 재원 마련에 힘쓰는 것은 이후 호조 재정 수입정책의 기조였다.

제2장 17세기 말~18세기 전반 호조의 銀 수입의 저하와 주전정책

1. 호조의 銀 수세정책

17세기 후반 호조가 가장 필요로 했던 재정대책은 예비재정 마련이었다. 호조는 여러 세원을 호조로 가지고 오고 군자곡을 예비재정으로 사용하는 등 해결 방법을 찾고 있었다. 하지만 이런 방법들이 호조의 재정 상황을 적극적으로 호전시키지는 못했다. 호조가 다른 대책을 찾아야 할 이유는 더욱 가중되고 있었다.

호조가 확보할 수 있는 재정항목 중 조선전기와 차별화되는 것은 銀이었다. 그런데 전세는 매년의 농작상황에 따라 수입이 증감하였던 반면, 銀은 그렇지 않았다. 풍흉에 관계없이 확보할 수 있다는 점에서 銀은 호조에게 비중 있는 재정 수입이었다. 확보만 잘 한다면, 銀은 호조의 예비재정으로서의 역할을 충분히 할 수 있었다.

1) 임진왜란 전후 조선정부의 銀 정책 변화

銀은 임진왜란 이후부터 호조의 중요한 수입이었다. 16세기까지 銀은 유통이 금지된 품목이었으나 임진왜란을 거치면서 明의 銀이 다량 유입되고,[1] 17 · 18세기에 일본의 銀 유입과 국내 광산 개발이 동시에 진행되면서 고액화폐로서 기능을 하였다.

조선전기에는 국내에서 銀을 화폐로 사용하지 않았다. 고려시대에 사용하던 銀甁을 1408년(태종 8)에 폐지하고 銀의 사용을 금지하였던 것이다.[2] 그리고 세종은 조선에 銀이 나지 않는다는 구실을 대며, 해 마다 바쳐야 하는 銀 공물을 면제해 줄 것을 명나라에 요청했다.[3] 조 선에 銀이 나지 않는다는 말은 사실이 아니었다. 고려 말부터 계속된 銀 공물이 과다하였기 때문에 공물을 면제받으려는 구실로 銀이 나지 않는다고 주장해야 했던 것이다. 그리고 그것을 증명하기 위해 국내에 서 銀 유통을 공식적으로 금지해야 했다. 국내에 산재한 은광의 채굴 역시 조선정부에서 금지하고 있었다.[4] 銀이 채굴되어 명나라로까지 유출된다는 것을 명 조정이 안다면 큰 외교문제가 발생할 것이 틀림 없었다.[5]

하지만 정부의 금지에도 銀 유통은 확산되고 있었다. 몰래 채굴된 銀은 대부분 명나라에 사신으로 가는 사람들 일행에게 팔려서 명으로 넘어갔다.[6] 그리고 사신들과 이에 합류해 간 상인 일행이 銀을 명나 라에 팔고 고급 비단 등을 사들여 국내로 들여와 이익을 남기 일이 성 행하고 있었다.[7] 조선정부의 채굴 금지 규정이 시간이 지날수록 더욱

1) 韓明基, 「17세기초 銀의 유통과 그 영향」, 『奎章閣』 15, 1992 ; 李賢淑, 「16~
　17世紀 朝鮮의 對中國 輸出政策에 관한 연구」, 『弘益史學』 6, 1996.

2) 『度支志』 外篇8, 版籍司 財用部 金銀.

3) 『度支志』 外篇8, 版籍司 財用部 金銀.

4) 『度支志』 外篇8, 版籍司 財用部 金銀.

5) 『中宗實錄』 93, 중종 35년(1540) 7월 25, 18집 403쪽, "臺諫啓曰……中朝序班
　問我國使臣曰 古稱銀非儞國之産 近乃多多來 出自何處耶 其所齎銀 公然
　買賣 不止一序班知之 中朝卿士 孰不知之 當初蒙減銀貢 只以我國爲禮義
　之邦 而信從之也 今若以固諱土産 欺誣上國 指爲不直 則我國慙懼 已爲極
　矣".

6) 『中宗實錄』 7, 중종 3년(1508) 11월 6일, 14집 286쪽.

지켜지지 않는 상황이었다.

　정부의 은광 금지정책은 倭銀의 유입 때문에 더욱 방해를 받았다. 일본은 조선의 鉛銀分離法을 전수받아 銀의 생산에 착수하면서 1538년(중종 33)부터 조선에 銀을 수출하기 시작하였다.

　銀 유통이 더욱 확산될 조짐을 억제하기 위해 조선정부는 국내의 상인들이 倭銀을 매입할 경우 絞刑에 처하기로 규정하기까지 하였다. 하지만 정부의 이 같은 조치에도 불구하고 倭銀의 유입량은 늘어났고 명나라로 더욱 많은 銀이 유출되었다. 1540년(중종 35) 7월에 대간이 지적한 바로는 명으로 가는 使行員役들이 가져가는 銀이 한 사람 당 3,000냥에 달했다.[8] 사행 간 관원의 수가 대충 30명이라 보면,[9] 한 번 사행을 떠나면 대략 90,000냥의 銀을 유출하였음을 짐작할 수 있다. 倭銀 유입의 확대와 국내 銀 유통, 그에 따른 명나라로의 銀 유출은 막을 수 없는 상황이었다.

　현실적으로 銀 유통을 막을 수 없었지만, 조선정부는 명나라에 대한 외교문제를 해결하지 않는 한 銀 개발과 유통에 대한 단호한 정책을 쉽사리 마련할 수 없어 우왕좌왕하였다.

　채굴과 유통의 양이 커질수록 정부는 채굴 금지를 마냥 고집하고만 있을 수 없었다. 금지해도 어차피 채굴될 것이라면 조선정부에서 관리하는 것이 더 이익이라는 판단을 배제할 수 없었던 것이다. 정부는 되도록 채굴이 정부 관리 아래 들어오게 하기 위해 민간인들이 채굴할 수 있도록 民採 허가를 내어주기도 하고, 관이 운영하는 官採로 변경하여 운영하기도 하는 등 정책을 변경해 가며 은광의 채굴과 銀 유통 문제를 주시하였다. 하지만 정부는 銀의 국외 유출을 걱정해서 다시

　7)『成宗實錄』276, 성종 24년(1493) 4월 13일, 12집 297쪽.
　8) 柳承宙,『朝鮮時代 鑛業史硏究』, 고려대학교 출판부, 1993, 148~151쪽.
　9)『通文館志』3, 事大, 赴京使行.

채굴 자체를 완전히 금지하는 정책으로 돌아가기도 했다.[10] 이렇게 은광 개발에 대한 정부의 정책은 오락가락하였고 정부는 은광 금지와 허용을 반복하면서 은광에 대한 적극적인 정책을 펴지 못했다.

그런데 조선정부가 銀 유통 규제정책을 수정한 것은 임진왜란을 거치면서부터였다.[11]

임진왜란이 발발하자 明은 조선에 銀을 내려주고 조선에 파견된 明軍의 군량과 군수물자 조달 비용을 모두 銀으로 충당하게 하였다. 명나라는 은본위제를 시행하고 있었기 때문에 당연히 전쟁비용으로 銀을 사용하였던 것이다. 따라서 국내에는 중국에서 들어온 銀이 널리 퍼지게 되었다. 임진왜란은 명나라 銀의 대량 조선 유입이라는 결과를 낳았던 것이다.

임진왜란을 거치면서 명의 銀이 국내로 유입된 사실이 주목될 만한 이유는 유입된 수량이 많았던 점보다는 이 때문에 국내 銀 유통 금지 규정이 흐지부지해지면서 銀의 채굴과 유통이 활발해지는 계기가 이루어졌다는 데에 있었다. 조선에서 銀이 유통되더라도 명의 의심을 사지 않을 수 있었기 때문이었다. 이렇게 임진왜란은 조선정부가 銀을 적극적으로 수세하는 정책으로 방향을 바꾸는 전환점이었다.

조선초기부터 조선정부는 銀의 유통을 금지하였다. 명과의 외교적 문제 때문이었다. 하지만 倭銀이 유입되고 국내 광산銀이 채굴되면서 정부의 의지와는 달리 銀이 유통되었다. 銀 유통이 확대되자 조선정부는 銀 유통에 어떤 태도를 취해야 할지 고심하고 있었다. 하지만 명과 외교문제가 해결되지 않는 이상 조선정부는 銀 유통에 대한 태도를 결정하기 어려웠다. 그런데 임진왜란이 일어나면서 명나라로부터 銀이 대량 유입되자, 조선정부는 銀 유통 규제정책을 풀 수 있었다.

---

10) 柳承宙, 앞의 책, 1993, 131~161쪽.
11) 韓明基, 앞의 글, 3~4쪽.

2) 호조의 銀 收稅 강화

임진왜란을 거치면서 조선정부는 적극적인 銀 수세책으로 갈래를 잡았다. 그리고 銀의 두 가지 수세원, 즉 국내 광산 채취와 倭銀 수입의 통로 장악에 관심을 쏟았다.

국내 광산에서 나는 銀을 정부재정으로 넣는 방법의 하나로 실시한 것은 貢銀制였다. 貢銀制는 조세 명목 3가지 즉 田稅, 貢納, 役 중 공납과 역을 면제해 주는 대신 銀을 받아들이는 방법이다. 이 제도는 은맥이 많이 몰려 있는 지역에 실시하였다. 은맥이 많이 있는 지역은 이곳저곳에서 銀鑛이 수시로 개발되기도 하고 폐지되기도 하여서, 정부가 그 개발과 폐지를 늘 신경 써야 했다. 그렇기 때문에 아예 貢銀을 받는 것으로 정해 놓으면 銀鑛 개발이나 폐지에 대해 정부가 특별히 신경을 쓰지 않고도 일정한 양의 銀 수입을 확보할 수 있었다.

함경도 端川이 貢銀制가 실시된 지역이다. 이 지역은 특히 銀鑛이 여러 곳에서 발견되었다. 銀鑛이 많은 만큼 단천의 銀을 관리하고 수세하는 방법은 골치 덩어리여서 16세기 동안 관리와 수세 방법을 여러 차례 변경하였다.[12] 결국 1602년이 되어 이 지역을 貢銀制로 묶게된다. 이 지역에서 나는 어떤 은맥을 누가 어떻게 개발하든 관계없이 국가에는 해마다 銀 1000냥만을 납부하도록 한 것이다. 이후 단천 지역의 은맥이 고갈됨에 따라 1665년에는 600냥만 납부하도록 하였으며, 1702년에는 500냥으로 줄여서 이후 단천에서 받는 貢銀은 500냥으로 확정하였다.[13]

한편 한 지역 전체에 貢銀制를 실시하는 것이 아니라, 절에 있는 노비가 내어야 할 공납과 역을 면제해 준다는 명목으로 노비 수에 따

---

12) 柳承宙, 앞의 책, 1993, 2장 2절·3절.
13) 『萬機要覽』 財用篇4, 金銀銅鉛.

라 貢銀을 받는 경우도 있었다. 이것을 寺奴貢銀이라 한다. 평안도의
江界와 渭原에서 寺奴貢銀을 냈는데, 대략 77~89냥이었다.

이렇게 貢銀은 한 지역 전체를 범위로 한 貢銀 즉 土貢銀과 사찰의
노비를 대상으로 한 寺奴貢銀으로 분류된다. 貢銀으로 받는 銀의 양
은 17세기 중반 이후 대략 500~600냥으로 정착되었으며 호조가 수세
하였다. 17세기 이래 거둔 貢銀의 양은 <표 8>과 같다.

<표 8> 每年 호조가 上納받은 貢銀 (단위 : 兩)

年度	實上納銀	名目	年度	實上納銀	名目
1602년		#㉠ 1,000	1722~1727년	588	㉠ 500 ㉡ 88
1665년 이후		#㉠ 600	1728~1730년	589	㉠ 500 ㉡ 89
1702년 이후		#㉠ 500	1731~1736년	579	㉠ 500 ㉡ 79
1716~1717년	588	㉠ 500 ㉡ 88	1737~1740년	577	㉠ 500 ㉡ 77
1718~1719년	582	㉠ 500 ㉡ 82	1741~1780년	500	㉠ 500 ㉢㉡ 88
1720년	584	㉠ 500 ㉡ 84	1785~1825년	500	㉠ 500 △㉡ 79.5
1721년	587	㉠ 500 ㉡ 87			

*1716~1780년 : 『度支田賦考』, 賦摠, 實上納, 驪江出版社 영인본 上, 298~
   378쪽.
*1785~1825년 : 『度支田賦考』, 賦摠, 實上納, 驪江出版社 영인본 下, 172~
   220쪽.
『萬機要覽』 1, 財用編4, 銀.
@ 『度支志』 1, 官制部, 金銀色.
△ 『賦役實摠』 10, 江界, 驪江出版社 영인본 下, 830쪽 ; 『賦役實摠』 11,
   渭原, 驪江出版社 영인본 下, 881쪽.
名目 : ㉠ 咸鏡道端川貢銀 ㉡ 平安道奴貢銀

貢銀은 銀鑛의 설치와 유시에 식섭 관여하지 않으면서 銀鑛이 몰
려있는 지역 단위로 세를 받는 방식이었다. 그런데 각 광산에 店을 설
치하고 직접 수세하는 방법도 있었다. 임진왜란이 지나고 훈련도감,
총융청을 비롯한 軍門이 개설되면서 이 군문들은 탄환에 쓰이는 鉛을
캘 목적으로 광산개발에 뛰어들었다. 효종조 북벌정책이 진행되면서

군문들의 광산개발은 더욱 활기를 띠었다. 그런데 국내의 鉛鑛은 곧
銀鑛을 의미한다. 우리나라 銀은 鉛鑛에서 광석을 캐낸 다음 鉛銀분
리법으로 분리했던 것이다. 鉛鑛을 개발한 군문은 당연히 銀까지 모
두 가져갔다.[14] 이렇게 해서 군문들은 銀鑛에 대한 設店收稅권을 쥐
었다.

그런데 17세기 말을 지나면서 각 군문이 지녔던 銀鑛 수세권한도
대체로 호조가 가져갔다. 1687년 호조가 68읍의 은점을 專管하고 세
를 받기 시작하면서 店稅銀이 호조의 수입으로 잡혔는가 하면,[15]
1690년이 되면 호조는 각 軍門에서 관행적으로 해오던 수세를 호조가
관리하도록 요청하여,[16] 禁衛營에 10개소와 각 軍門에 몇 개의 銀店
이 허용된 이외의 각 道 監 · 兵營 소관 銀店들이 모두 호조에 銀을
납부하였다.[17] 이와 같이 17세기 말부터 호조는 전국 銀店의 수세권
한을 거의 손에 넣었고, 여기서 수세한 銀은 4,000~5,000냥 내지
10,000냥 이상 정도였다.[18]

정리하자면, 국내광산에서 나오는 銀을 정부의 재정원으로 삼는 방
법은 貢銀을 받는 것과 店을 설치하고 세를 받는 방식이었다. 그리고
17세기 후반을 지나면서 이에 대한 권한은 대체로 호조가 가져가는
추세였다.

그런데 호조가 단지 국내 광산에서 채취한 銀의 수세에만 관심을
가졌던 것이 아니다. 국내에 통용되는 銀 중 상당량을 차지하는 銀은
倭銀, 즉 일본에서 들여오는 銀이었다. 倭銀의 수세는 호조의 지대한

14) 柳承宙, 앞의 책, 1993, 제3장 참고.
15) 『萬機要覽』財用編4, 金銀銅鉛.
16) 『備邊司謄錄』44, 숙종 16년(1690) 1월 17일, 4권 271쪽 나~다.
17) 柳承宙, 앞의 책, 1993, 275~276쪽.
18) 柳承宙, 위의 책, 1993, 314~315쪽.

관심사였다.

국내 광산에서 캐낼 수 있는 銀과 달리 倭銀은 그 수량이 무역 상황에 따라 급격히 달라질 수 있다는 특징이 있었다. 倭銀 수세의 실무 담당은 倭館이 있던 지역인 동래부가 맡고 있었다. 그리고 동래부는 수세한 倭銀 일부를 동래부로 유입하는 것이 관례였다. 대략 수세한 倭銀 3분의 1정도를 동래부가 가져갔다.[19] 그런데 17세기 전반 이후 倭銀은 급격히 유입되기 시작했고 1687년, 즉 17세기 후반이 지나서야 국내 광산에서 캐낸 銀 대다수를 호조의 수세원으로 잡을 수 있었다. 따라서 17세기 전반·중반까지는 倭銀이 호조 수세원의 많은 부분을 차지했기 때문에 호조는 倭銀에 대한 수세를 중요하게 여겼다.

倭銀은 동래부가 정확한 倭銀 유입량을 보고하지 않는다든가 유입량에 대한 정확한 파악에 실패하면 호조가 수세량에 손해를 볼 수 있었다. 수세의 장치를 어떻게 하느냐에 따라 호조가 받아들일 수 있는 양에 상당한 변화가 생기는 것이다. 그래서 호조는 17세기 후반을 거치면서 동래부가 수세과정을 관장하지 못하게 하고, 중앙에서 파견한 훈도와 별차에게 수세 업무를 전적으로 부여하는 방식을 고수해 나갔다. 결국 1708년이 되면 이 방식을 정착시켰고, 倭銀 수세량 일부를 동래부 재정 수입에 넣던 관례도 없앴다.[20]

倭銀과 국내 광산 銀에 대한 수세권에 대한 호조가 모두 장악한 것은 예비재정을 확보하고자 하는 호조의 노력이었다. 그 결과 17세기 후반을 거치면서 호조는 국내 광산의 銀과 일본에서 유입한 銀에 대

---

19)『備邊司謄錄』134, 영조 34년(1758) 1월 5일, 13권 49쪽 나~다, "同副承旨洪重孝所啓……中古 則日本不與中國相通 所用燕貨 皆自我國萊府轉買入居 故一年倭銀之出來者 殆近三四十萬兩 本府收稅十分一 而又三分其稅 二納戶曹 本府用一 故能支用矣".

20) 박소은, 「17·18세기 戶曹의 倭館收稅策 변화」,『朝鮮時代史學報』14, 2000.9, Ⅱ장 참조.

한 수세권을 손에 쥐었다. 즉 17세기 후반 호조는 銀을 중요한 예비재 정으로 확보하고 있었다.

2. 貸與銀 제도의 활성화와 호조 銀 수입 감소

1) 貸與銀 제도의 활성화

국내 광산의 銀과 倭銀에 대한 수세권을 호조가 잡을 수 있었던 이 유는 호조의 銀 필요성, 즉 銀 지출 명분 때문이었다.

호조가 담당한 여러 경비 중 銀을 지출해야 하는 항목은 크게 세 가지였다. 왕실에서 필요한 물품21)과 대청사행 때 필요한 경비,22) 청 의 사신이 조선에 왔을 때 주는 예단 마련23)이 그것이다. 호조가 銀 지출을 필요로 하는 품목들은 모두 대청외교와 관계하여 지불해야 하 거나 대청사행 때 구해 와야 하는 것들이었다. 호조가 마련하는 왕실 의 물품은 대청사행 때 청에 가서 구해 왔다. 중국 약재나 중국산 족 제비가죽, 중국산 비단 등24)이 그것이었는데, 호조가 대청사행에 따라 가는 역관과 상인들에게 경비를 주어 사 오게 하였다. 특히 중국산 비 단은 비단을 매매하는 시전상인들에게 사 오도록 하고 銀을 지불했 다.

다시 말하면, 호조의 銀 지출은 모두 대청외교 수행에 필요한 것이 거나 대청사행을 통해 구입해 와야 하는 조선왕실의 필요 물품에 사

---

21) 『度支志』度支志總要, "版籍司一年捧下總要 一年應下";『度支志』外篇 18, 經費司 經用部.
22) 『度支志』度支志總要, "版籍司一年捧下總要 一年應下";『度支志』外篇16, 經費司 五禮部4 賓禮上 勅行.
23) 『度支志』外篇16, 經費司 五禮部4 賓禮上 勅行.
24) 『度支志』外篇16, 經費司 五禮部4 賓禮上 歲幣.

용되는 것이었고, 이 점은 호조가 국내광산의 銀과 倭銀의 銀 수세를 전부 호조의 수입원으로 삼아야 한다는 주장을 지속적으로 내세울 수 있게 하는 가장 중요한 근거였다.[25] 게다가 倭館을 통해 들어오는 倭 銀에 대해서는 호조의 주장 근거가 하나 더 있었다. 대일외교의 제반 비용을 호조가 담당하고 있다는 이유까지 덧붙여졌던 것이다. 倭館을 통해 들어오는 倭銀을 수세해야 대일외교 비용, 특히 銀으로 마련해 야 하는 禮單蔘[26]을 마련할 수 있다고 호조는 누누이 주장했다.[27]

그런데 외교비용 마련이라는 명목은 호조의 수세 명분이었을 뿐 아 니라 대청·대일무역에 대한 정당성을 주는 것이기도 했다. 원래 조선 정부가 내세운 대청·대일 무역의 명분은 대청·대일 외교관계의 원 활한 유지를 위해 외교에서 실무를 담당하는 역관에게 경제적 뒷받침 을 해 주기 위해 역관들에게 무역을 할 수 있는 특혜를 제공하는 것이 었다.[28] 따라서 무역의 크기가 이 명분을 과도하게 넘어서지 않는 범 위를 유지하도록 규제하고 장려했다.

---

25) 『度支志』外篇18, 版籍司 財用部 金銀.
26) 禮單蔘 : 倭館을 통한 대일외교 때 일본 측에 외교상의 謝禮로 주었던 인삼.
   [용·례] "萊府禮單蔘事, 誠悶矣. 當初改給禮蔘, 出於不得已, 而一年所給至 於二百餘斤, 則實有難繼之患矣"(『英祖實錄』79, 영조 29년(1753) 3월 19일).
27) 박소은, 앞의 글, 93쪽.
28) 『備邊司謄錄』38, 숙종 10년(1684) 10월 18일, 3권, "今十月十六日大臣備局 堂上引見入侍時 戶曹判書鄭載嵩所啓 臣見右議政南 則以爲今番使行員役 輩所持物貸數甚零星 到彼之後 如有意外周旋之事 則必有公私狼狽之患 而 爲此請得銀貸以去 事體重大 本曹銀子數千兩 酌定利息分給員役 似爲便當 此意已與僚相相議云 而凡公家銀貨 勿爲私自貸人事 曾有定奪 臣不敢擅便 敢此仰達 領議政金曰 上年使臣之行 彼中需索之銀 漸至增加 譯輩必有所 持之物然後 凡事可以周旋 得免生梗之患 而今番使行員役所持甚少 右相 以此爲慮 各衙門銀貨 欲令許貸而此事 曾有定奪防塞之擧 故載嵩不敢擅便 有此陳達矣 禮曹參判徐文重曰 非但戶曹御營廳 亦有出債之故 欲爲一體貸 去 依戶曹例參酌出給何如 上曰 此非私用之費酌定出給可也".

역관들에게 일정한 경제적 특혜를 주는 범주 내에서 무역을 유지한
다는 정부의 무역관은 계속 유지되었고, 이것은 貸與銀제도의 시행에
서 그대로 드러난다.

貸與銀은 청나라에 사행가는 역관이 행한 八包무역을 지원하기 위
해 국가기관에서 대여해 준 銀이다. 八包무역은 원래 역관 한 사람 당
八包의 인삼, 즉 인삼 80근을 가지고 가게 해서 이렇게 부른 것인데,
1640년 경부터는 인삼 1근을 銀 25냥으로 절가해서 80근을 銀 2,000냥
으로 환산해서 가지고 갔다. 1662년부터는 역관 중 당상과 상통사는
3,000냥, 당하는 2,000냥으로 정했다.[29] 보통 30명의 역관이 참여하기
때문에 가지고 가도록 규정된 銀이 6~7만 냥 정도였다. 이런 八包제
는 역관들이 사행 가서 무역할 일정량의 자금을 지니고 갈 수 있도록
정부에서 허용하는 것이었을 뿐, 그 자금을 정부차원에서 대주는 것은
아니었다.

역관들은 허용된 한도의 銀으로 중국 물화를 사 와서 왜관의 왜인
들에게 넘겼다. 그들은 이 과정에서 차액을 남기고 다시 사행 가서 무
역할 자금을 준비했다. 이것이 조선정부의 허용 하에 이루어진 대일·
대청무역이었다. 그런데 왜인들은 물건을 사고 바로 銀을 지불하는
것이 아니었다. 왜인들도 일본 본토에서 銀을 구해 와야 하는 사정이
있었기 때문에 종종 물건값을 지체했다. 물건값을 100만 냥씩이나 지
체하기도 했고,[30] 지체는 3~4년씩 걸리기도 했다.[31] 물건값이 지체되

---

29) 『萬機要覽』 財用篇5, 燕行八包.
30) 『備邊司謄錄』 33, 숙종 3년(1677) 8월 24일, 3권 311쪽 다, "今八月二十三日
大臣備局堂上引見入侍時 行大司諫李元禎所啓 臣於庚子年赴京 則商賈販
賣倍蓰於前 車輛彌亘數十里 所見極爲駭然 此由於八苞之法廢閣 而商賈齎
銀 靡有限節故也 所貿唐貨皆轉販於倭館 而館倭物力 不能抵當 目今倭人
之未償者 至於百萬有餘兩 此皆各衙門生息之物 前頭收捧 杳然無期 事甚
可慮 申明八苞之法 使日後使行 更無如許煩雜之弊 似當矣".

는 동안 역관들은 사행을 떠나야 할 때가 오는데, 가져가야 하는 銀을 확보하지 못했다.

이에 정부에서는 역관들의 필요비용을 국가 각 기관의 재정에서 빌려주도록 했다. 각 아문이나 군문, 지방 감영, 또는 호조에 저치해 놓았던 銀을 공식적으로 빌려주는 것이다. 그리고 역관들이 왜관에서 중국 물화를 팔아 銀을 받으면 빌려줬던 본전에 이자를 덧붙여 갚게 했다.[32] 이것이 貸與銀이다.

貸與銀제도는 17세기 후반에 이미 활성화되어 있었던 것을 볼 수 있다. 역관들이 가지고 간 銀은 적어도 10만 냥에서 15~16만 냥, 혹은 20만 냥까지 이르렀다.[33] 원래는 八包무역의 제한 액수인 6~7만 냥 정도만 대여해 주도록 하고 있었지만, 역관들과 그들에 따라가는 일행들은 한 번 사행에 더 많은 이득을 얻으려고 규정보다 많은 貸與銀을 원했고 각 아문들 역시 더 많은 貸與銀 이자를 확보하려고 역관의 요구를 들어주고 있었던 것이다.[34]

이와 같이 貸與銀제도는 애초 역관들에게 경제적 혜택을 주면서도 八包무역의 한도 내에서 대청무역의 총량이 이루어지도록 하기 위한 규제로 시행된 것이었지만, 운용되면서 그 한도를 넘어서는 부작용도

---

31) 『邊例集要』 9, 下권, 「開市」 1700년 7월, 16~17쪽.
32) 『備邊司謄錄』 35, 숙종 5년(1679) 9월 6일, 3권 443쪽 라.
33) 『備邊司謄錄』 37, 숙종 9년(1683) 10월 12일, 3권 701쪽 가, "今月十一日行大司憲趙師錫請對入侍時行大司憲趙師錫所啓 在前節使之行 員役及尙賈等 所賣銀貨 多則二十萬餘兩或十五六萬兩 少不下十萬餘兩 故彼中冗費 皆倚此取辦矣".
34) 『備邊司謄錄』 37, 숙종 9년(1683) 3월 10일, 3권 643쪽 라~644쪽 가, "今三月初九日晝講入侍時特進官領敦寧府事閔維重所啓 戶曹所儲銀子皆自東萊收稅上納 收稅之法不當撓改 而自凶年以來 諸衙門多出銀貸(貸)付送燕行以其貿來日紛之類 下送倭館 轉換作銀 而戶曹應納之稅啓請勿捧 故一年稅銀因此縮縮 豈可以各衙門興利之事 許減戶曹應捧之稅乎".

발생하였다.

하지만 부작용에도 불구하고 貸與銀제도가 유지된 것은 이 제도를 운영함으로써 중앙재정기관이던 호조가 대청사행무역이 유지되는 상황을 관찰할 수 있다는 장점 때문이었다. 즉 貸與銀제는 대청사행무역을 국가가 관리할 수 있는 길목이었던 것이다. 게다가 銀을 대여하고 돌려받는 과정에서 각 국가기관들이 銀 수입 확대가 가능해서 수세의 효과를 누린다는 장점이 있었다.

곡물을 대여해 주고 돌려받을 때 이자를 덧붙이는 것은, 빌려주고 받는 과정에서 손실이 있을 수 있기 때문에 이 손실분을 보충하기 위한 것이라고 정당화될 수 있다. 하지만 銀의 경우는 빌려주고 돌려받는 동안 손실이 생길 이유가 없었다. 그런데도 호조를 비롯한 국가기관들은 역관들에게 빌려준 銀을 돌려받으면서 이자를 받고 있었다. 이식이 목적이었던 것이다. 이렇게 호조는 貸與銀제도를 이용해서 호조의 銀 비축을 확장하고 있었다.

2) 貸與銀제도의 유지

그런데 17세기 후반 규정한도를 넘어서는 貸與銀제도를 유지할 수 있었던 것은 이 시기 조선으로 들어 온 倭銀이 꾸준한 양을 유지한 덕택이었다. 倭銀 확보량이 꾸준하면 대청무역에 銀 수급이 원활해지기 때문에 호조와 여러 아문들이 貸與銀을 빌려주고 돌려받는 과정에 별 무리가 없게 된다. 따라서 국가기관들은 대여한 銀을 제대로 환수할 수 있다면 돌려받을 때 받는 10분의 1의 이자로 銀 수입이 넉넉해질 수 있었다. 즉 국내 倭銀 유입량이 많은 상황에서 국가기관들이 보유할 수 있는 銀의 양도 비교적 넉넉했기 때문에 국가기관들의 銀 재정을 빌려주는 貸與銀제도의 유지가 가능했던 것이다.

특히 대일무역에서 수입된 倭銀에 대한 수세를 전관하여 銀 수입을 확보했던 호조가 이 시기 수세한 倭銀의 양을 살펴보면 호조의 銀 재정 수입 변동폭이 크지 않았다는 것을 알 수 있다.

호조가 17세기 후반에 倭銀을 얼마나 수세했는지에 대한 정확한 자료는 남아 있지 않다. 하지만 이 시기 조선으로 수출한 倭銀 총량에 대한 자료가 일본에 남아 있고, 이 자료들을 田代和生이 그의 책『近世日朝通交貿易史の硏究』에서 세세히 밝혔다.[35] 이를 이용해서 倭銀 수세 가능량 추이를 살펴보도록 하자.

田代和生의 책에는 1684년부터 1710년까지 조선에 유입된 倭銀 총량의 자료가 있다. 그리고 조선에서 일본으로 수출한 품목별 비율도 5년의 기간을 단위로 기록되어 있다. 이 두 자료는 호조에서 수세할 수 있었던 倭銀의 수량을 짐작하는 데에 중요한 연결고리이다.

<표 9> 倭館 개시무역 수출품 비율의 변화

품목 \ 년도	生絲	인삼	기타
1684~1688	61.4%	11.4%	27.2%
1689~1693	48.8%	18.7%	32.5%
1694~1698	63.7%	20.9%	15.4%
1699~1703	52.4%	28.9%	18.7%
1704~1708	63.7%	29.8%	6.5%
1709~1710	24.7%	65.9%	9.4%

*田代和生,『近世日朝通交貿易史究』, 267쪽. <図Ⅱ-5> 私貿易取引商品の割合에 의거.

---

35) 田代和生,『近世日朝通交貿易史の硏究』, 創文社, 1981.

<표 10> 倭館 수입 銀과 生絲代價銀

年度	수입銀총량	生絲代價銀	年度	수입銀총량	生絲代價銀
1684년	2,075	1,750	1698년	1,432	1,078
1685년	2,048	1,727	1699년	2,002	1,290
1686년	2,888	2,436	1700년	1,573	1,014
1687년	2,068	1,744	1701년	3,283	2,116
1688년	2,501	2,109	1702년	2,218	1,430
1689년	1,999	1,445	1703년	958	617
1690년	2,250	1,627	1704년	1,430	974
1691년	2,746	1,985	1705년	1,129	769
1692년	2,441	1,765	1706년	1,351	920
1693년	2,287	1,653	1707년	971	661
1694년	2,589	1,949	1708년	1,128	768
1695년	2,459	1,851	1709년	969	264
1696년	2,454	1,848	1710년	638	174
1697년	2,618	1,971			

<그림 2> 倭館 수입 銀과 生絲代價銀

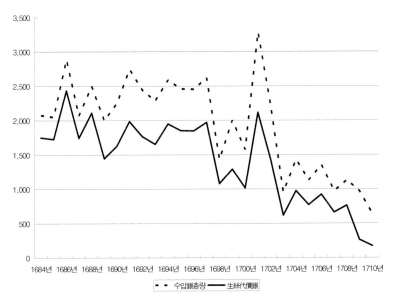

* 단위는 貫.

 * 수입 銀 총량 : 田代和生, 『近世日朝通交貿易史の研究』, 256쪽.(표Ⅱ-7)
   사무역수출입액에 의거. 匁 이하는 버림.
 * 生絲代價銀 : (生絲수출비율÷(生絲수출비율+인삼수출비율))×수입 銀 총
   량. 소수점 이하는 반올림.

 조선과 일본의 공식 무역처였던 東萊의 倭館을 통해 조선에서 일
본으로 수출하는 품목은 중국산 生絲, 조선 인삼, 기타잡물이었다.[36]
이 중 기타잡물에 대해서는 銀이 아닌 鐵物 등을 지급하였고, 生絲와
인삼에 대한 지불액이 바로 倭銀이었다.[37] 그런데 生絲와 인삼에 대
한 지불액인 銀이 모두 호조의 수세 대상은 아니었다. 조선 측에서는
1680년 이후 인삼에 대해서는 인삼으로 수세하였다. 인삼 1냥에 인삼
1錢을 수세하였던 것이다.[38] 인삼을 인삼으로 수세해서 일본에 보내
는 禮單蔘을 안정적으로 마련하려 했던 것이다. 결국 1680년 이후 호
조가 수세대상으로 한 銀은 生絲에 대한 대가였다.
 따라서 田代和生의 자료에 나오는 시기인 1684년 이후 倭銀 수입
량 중에서 生絲에 대한 대가 銀의 수량을 계산하면 대략 호조에서 수
세할 수 있는 倭銀의 가능량이 드러난다.
 <표 9>는 1684년부터 1710년까지 대략 5년 단위로 조선에 수출한
품목간의 비율 변화이다. 그리고 <표 10>의 수입 銀 총량이 1684년
부터 1710년까지 조선에 들어온 倭銀의 총량이다. <표 9>를 통해 銀

---

36) 동래 왜관의 대일 무역에 대한 자세한 내용은 박소은, 「17·18세기 戶曹의
   倭館收稅策 변화」, 『朝鮮時代史學報』 14, 2000.9. 참조.
37) 『備邊司謄錄』 59, 숙종 34년(1708) 5월 15일, 5권 794쪽 라, "彼此所買賣者
   如白絲人蔘等物之價則以銀 其他雜貨之價則以鐵物相換例也".
38) 『邊例集要』 9, 下권, 「開市」 1680년 10월, 8쪽, "凡物貨收稅之規 依倣什一之
   制 而獨人蔘一斤之稅 只是銀子六錢 而以京中卽今蔘價論之 則銀子六錢
   卽人蔘三錢之價也 其利如彼之重 其稅如比之輕 臣意則每人蔘一兩 收本色
   一錢 以本色上納于戶曹何如爲白旀……回啓 人蔘一兩良中 以本色一錢
   收稅 實合便宜".

으로 거래되는 生絲와 인삼 중 生絲가 차지하는 비율을 뽑은 다음, 이 비율을 <표 10>의 수입 銀 총량에 대입시켜 낸 결과가 <표 10>의 生絲代價銀이다. 이것이 호조의 수세대상이 된 銀이었다.

<표 10>의 生絲代價銀을 살펴보면, 1684년부터 1697년까지 꾸준히 약 1,800貫 정도의 수입량을 유지하고 있다. 그러다가 1698년이 되면 약 1,000貫 정도로 수입량이 떨어지고 1701년에 다시 2,116貫으로 잠시 오르지만, 그 이후는 1,000貫 이하로 꾸준히 하락하는 모습이다. 즉 17세기 후반에는 대체로 倭銀 수입이 안정적인 모습을 보였던 것이다.

일본측 자료를 통해본 倭銀의 단위는 貫이다. 1貫은 100냥(兩)이었다.[39] 따라서 1684년 이후 17세기 후반에 호조가 수세원으로 잡을 수 있는 倭銀은 대략 180,000냥이었고, 10분의 1 수세를 하면[40] 18,000兩, 동래부가 수세액 일부를 가져간다 하더라도 10,000냥 이상의 倭銀을 꾸준히 확보할 수 있었다.

물론 일본 측의 자료로 살펴본 倭銀 수세 가능량이 정확한 것은 아

---

39) 小葉田淳, 『金銀貿易史の研究』, 法政大學出版局, 1976, 2쪽에서 일본에서 조선으로 가지고 간 銀 8万兩을 800貫이라 명시하였다. 즉 1貫은 100兩이다. 그런데, 조선의 자료인 『萬機要覽』財用篇4, 錢貨에서 돈의 단위를 보면, 동전 10兩이 1貫이다. 이 점은 銀 100兩을 1貫으로 환산한 小葉田淳의 글과 차이가 난다. 왜 이렇게 화폐 단위에 차이가 나는 것일까. 그것은 당시 兩과 貫이라는 단위가 화폐의 단위로 쓰이기도 했지만 무게의 단위로도 통용되고 있었기 때문인 듯하다. 일본에서 1貫은 3.75kg이라는 무게로도 통용되고 있었다. 『秋官志』第3編, 考律部 定制 行錢事目에서 보면, "大錢 1貫의 중량은 12근 8兩이고, 小錢 1貫의 중량은 6근 4兩이다. 大錢 1개를 小錢 4개로 통용한다."고 말하고 있다. 즉 동전 1貫의 무게를 쟀을 때 兩이라는 무게단위로 나타낸 것이다. 하지만 여기서 兩은 동전 한 닢의 뜻이 아니다. 마찬가지로 貫을 동전의 단위로 사용하기도 하고 무게의 단위로 사용하기도 했기 때문에 이러한 차이가 났던 것으로 생각된다.

40) 『備邊司謄錄』134, 영조 34년(1758) 1월 5일, 13권 49쪽 나.

82

니다. 수입 銀 총량과 수출품 비율을 구한 일본의 자료가 당시 수출입
을 빠짐없이 잡아내지는 못했고 일부러 기입하지 않은 수량도 있었을
것이기 때문이다. 게다가 倭銀의 계산 단위에서도 오차가 발생한다.
일본 자료에서 제시하는 1貫이 100냥으로 통용되는 것은 확실하지만,
같은 1냥이라 하더라도 일본의 1냥과 조선의 1냥이 똑같지는 않았다.
銀의 순도 차이 때문이었다.

　조선이 공식적으로 받아들이는 倭銀은 7成銀인 丁銀 즉 순도 70%
의 銀이다.[41] 하지만 일본인들은 시기에 따라 순도가 다른 銀을 가지
고 왔고, 그럴 때마다 조선정부는 일본인들의 銀을 거부하고 다시 수
용하기를 반복하였다. 예를 들면 1701년에는 일본인들이 '元'자가 새
겨진 元銀을 가지고 왔고 조선정부에서 이것을 한동안 받지 않다가
결국 받아들였는데,[42] 이 元銀의 공식적인 순도는 63%였다.[43] 하지만
그 순도가 유지된 것이 아니었다. 조선에서는 元銀 62,500냥을 다시
녹여 丁銀 49,218냥을 만들었다는 보고가 있었다.[44] 즉 약 55%의 순
도였던 것이다. 또 그 이후 일본에서 보내온 '寶'자 銀을 일본 측에서
는 元銀보다는 높고 8成銀인 舊恩보다는 낮은 순도라 하였지만, 실제
로는 5成銀 즉 순도가 50%였다.[45] 이처럼 倭銀 품질문제는 끊임없는
갈등거리였고 일본에서 보내는 銀의 순도는 끊임없이 변하였기 때문
에, 일본 측 자료에 나온 銀의 고정된 순도를 그대로 믿을 수 없다. 따
라서 자료의 세세한 수치는 정확하지 않다. 하지만 倭銀 수입의 흐름
을 감지할 수는 있다.

41)『萬機要覽』財用篇4, 金銀銅鉛.
42)『邊例集要』9, 下권, 「開市」1701년, 17~18쪽.
43)『邊例集要』9, 下권, 「開市」1707년 10월, 20쪽. 그런데 田代和生, 앞의 책,
　　271쪽에는 64%로 계산한다.
44)『邊例集要』9, 下권, 「開市」1703년, 20쪽.
45)『邊例集要』9, 下권, 「開市」1707년 10월, 20쪽.

그런데 조선 측의 자료에서 나타난 倭銀 유입량의 최대치는 이것의
배 이상까지 뛴다. 조선정부는 倭銀이 한창 많이 들어온 때는 30~40
만 냥 정도가 조선에 유입되었다고 보고 있다. 그리고 이때는 동래부
가 들어온 倭銀 중 10분의 1을 수세하여 동래부가 3분의 1을 가지고
호조에 3분의 2를 올려 보냈다.[46] 즉 동래부가 10,000냥 이상의 倭銀
을 수세하고[47] 호조에 20,000냥 이상을 상납하였다.[48] 30~40만 냥 정
도 銀이 유입된 때가 일본 측 자료와 맞물리는 시기인 1684년 이후인
지 정확히 알 수 없고, 이 수세량이 어느 정도 지속되었는지도 역시
찾을 수 없다. 다만 倭銀의 대량유입으로 1678년에는 심지어 땔나무
와 채소까지 銀을 주고 산다[49]는 말이 있을 정도였던 것을 볼 때 30~
40만 냥까지 많은 倭銀이 유입되던 시기는 1684년 이전이었으리라 추
측한다.

일본 측 자료와 조선 측 자료의 오차를 감안하더라도 양국의 자료
를 통해 17세기 후반에 조선에 유입되는 倭銀량이 비교적 꾸준했으
며, 호조가 받아들인 倭銀 수세량도 10,000냥 이상 20,000냥 이하를 유
지했다는 결론에 도달하기는 어렵지 않다. 이처럼 17세기 후반에 일정

---

46) 『備邊司謄錄』134, 영조 34년(1758) 1월 5일, 13권 49쪽 나~다, "同副承旨洪
   重孝所啓 萊府凋殘難支之狀 爲弟一痼弊 盖本府責應甚繁 而朝家別無劃給
   之物 只令收稅銀蔘支用 而中古 則日本不與中國相通 所用燕貨 皆自我國
   萊府轉買入居 故一年倭銀之出來者 殆近三四十萬兩 本府收稅十分一 而又
   三分其稅 二納戶曹 本府用一 故能支用矣".
47) 『備邊司謄錄』101, 영조 13년(1737) 5월 28일, 10권 438쪽 가.
48) 1680년 이전에는 생사뿐 아니라 인삼을 수출하고 수입한 銀에 대해서도 銀
   으로 수세하고 있었기 때문에 수입된 銀의 총량은 모두 수세원으로 잡혔다.
   따라서 달리 生絲代價銀을 계산할 필요가 없다.
49) 『備邊司謄錄』34, 숙종 4년(1678) 1월 24일, 3권 339쪽 라, "領議政許所啓 我
   國本無通行之貨 自近年以來 以錢爲通貨 至於柴菜之價 亦皆用銀 銀非我
   國之産 而又非人人之所得有者也 出銀之路 狹而用銀之路廣 故詐僞造銀之
   弊 至于今日而極矣".

한 倭銀 유입량과 호조의 銀 수세원이 확보되고 있었던 상황은 貸與
銀제도를 유지하는 정책을 가능하게 하였다.

3) 18세기 전반 호조 儲置銀의 감소

17세기 후반 倭銀 유입이 일정하게 지속됨에 따라 貸與銀제도가
활성화되고 유지되었다. 이를 통해 호조는 銀 재정을 안정적으로 확
보할 수 있었다. 그런데 17세기 말~18세기 초가 되면서 호조의 銀 확
보는 난관에 부딪혔다. 倭銀 수입이 하락함에 따라 貸與銀이 원활하
게 환수되지 않은 탓이었다.

倭銀 수입의 하락은 대일·대청무역의 변화에 기인한 것이었다.
1685년부터 일본이 청나라와 직교역을 실시하게 됨에 따라 더 이상
조선을 사이에 두고 중국의 生絲를 구입할 필요가 없어진 상황50)이
점차 표면화되었다. 앞 절에서도 설명하였듯이 조선은 중국에서 生絲
를 수입해 와서 일본에 수출하는 대가로 銀을 입수하고 있었다. 그러
므로 일본과 청나라의 직교역 실시는 자연히 조선의 銀 수입에 치명
타를 입혔다.

앞 절의 <표 10>에 따르면 生絲代價銀은 1703년 이후 1710년까지
평균 대략 640貫 정도로 현저히 떨어졌다. 1711년 이후 生絲代價銀이
어떤 추세를 보이는지 정확히 알 수는 없다. 하지만 대일·대청무역에
새로운 전기가 없는 한, 生絲代價銀의 수입이 점차 떨어졌던 점은 분
명하다.51)

---

50) 柳承宙,「朝鮮後期 對淸貿易의 展開過程」,『白山學報』8, 1970, 376~379쪽.
51) 田代和生의 책 325쪽 <표 II-19>를 통해 1711~1752년 倭銀 수입량 최저치
   (단위 : 貫)를 볼 수 있다. 수입량 최저치라고 하는 이유는 이 자료에는 일본
   이 조선으로 수출한 銀의 총량이 아니라 丁銀에 관해서만 나와 있기 때문이
   다. 하지만 이 시기 일본이 조선으로 수출한 銀이 丁銀 위주였다는 것을 감

이러한 변화는 호조 수세량의 격감으로 연결되었다. 1709년에서 1710년까지 東萊府使로 재직한 權以鎭은[52] 자신이 재직하는 동안 호조로 상납한 倭銀이 3,000냥이었다고 말한다. 즉 한 해 평균 1,500냥이었다. 그 후 1732년의 倭銀 수세량은 단지 108냥이었다.[53] 1733년의 倭銀 수세량도 매우 적었다.[54] 1737년에도 역시 100여 냥밖에 되지 않았다.[55] 이렇게 18세기 전반 호조가 수세하는 倭銀은 급격히 줄었다. 호조는 상인들이 수세망을 빠져나갔기 때문이라고 주장하며 수세 관리의 강화를 주장하지만, 수세원 자체가 줄어든 상태였기 때문에 수세

안할 때, 이 자료는 조선의 銀 수입 감소 추이를 개략적으로나마 파악하는 데에 도움을 준다.

<표 11> 1711~1725년 倭銀 수입량 최저치 (단위 : 貫)

年度	수입액	年度	수입액	年度	수입액	年度	수입액
1711년	620	1722년	1,630	1733년	700	1744년	500
1712년	525	1723년	1,490	1734년	770	1745년	250
1713년	950	1725년	410+α	1735년	950	1746년	260
1714년	1,955	1726년	700+α	1736년	430	1747년	270
1715년	1,580	1727년	1,280	1737년	485	1748년	100
1716년	1,410	1728년	1,100	1738년	770	1749년	310
1717년	1,360	1729년	1,350	1739년	595	1750년	196
1718년	980	1730년	1,450	1740년	910	1751년	110
1719년	580	1724년	700+α	1741년	750	1752년	10
1720년	765	1731년	1,590	1742년	450		
1721년	1,132.5	1732년	1,010	1743년	110		

52) 「府先生案」, 『東萊史料』 2, 여강출판사, 75쪽.
53) 『度支志』 外篇 18, 經費司 經用部 經費. 1733년 3월에 호조판서 金東弼은 금년의 倭銀 수세량은 108냥이라고 말한다. 그런데 김동필이 말한 올해는 1732년으로 봐야 한다. 3월이면 아직 1733년치가 수세되지 않았을 때였기 때문이다.
54) 『備邊司謄錄』 94, 영조 9년(1733) 12월 22일, 9권 708쪽 가. 1733년 12월에 호조판서이던 宋寅明은 이해 倭銀 수세량이 거의 없다며, 동래부사와 훈도·별차가 수세를 게을리 했음을 질책하고 이들을 엄히 다스리자고 한다.
55) 『備邊司謄錄』 101, 영조 13년(1737) 5월 28일, 10권 437쪽 라~438쪽 가.

를 강화해도 倭銀 수세가 증가할 리 만무했다.

호조의 倭銀 수세량 격감은 호조의 銀 수입 총량에 영향을 미쳤다. 호조의 銀 수입 총량은 모든 시기를 확인할 수 없다. 몇몇 시기의 것만으로 대략의 추세만 확인하면 아래와 같다.

<표 12> 호조 수입 銀 추이

年度	수입 銀(兩)	출전	年度	수입 銀(兩)	출전
1651	39,093	문·탁	1778	3,042	탁
1668	30,263	문·탁	1779	752	탁
1700	39,519	문·탁	1780	716	문
1707	17,733	문·탁	1783	808	탁·만
1713	66,780	문·탁	1784	684	만
1723	31,156	문·탁	1785	620	문
1730	28,332	문·탁·만	1790	2,197	만
1732	12,922	문·탁·만	1807	10,512	만
1749	16,530	문·탁·만			

*문 :『增補文獻備考』115, 財用考2, 國用2, 戶曹一年經費出入數.
 만 :『萬機要覽』財用篇4, 戶曹一年經費.
 탁 :『度支志』外篇 권18, 經費司 經用部, 經費, 一年經費.

1720년대와 1730년대를 거치면서 호조 수입 銀 총량은 점차 떨어졌다. 1723년에는 31,156냥, 1730년은 28,332냥, 1732년은 12,922냥이었다.

18세기 전반을 거치면서 호조의 銀 수입 총량이 떨어진 것은 국내 광산 銀 수입 하락보다는 倭銀의 영향이었다. 국내 광산 銀의 경우는 1746년 이후 江界의 雲坡銀店만도 연간 총 稅入銀이 7,500냥에 달한 것으로 볼 때, 18세기 전반에 호조의 국내 광산 銀 수세량은 평균 10,000냥을 유지하였을 것이다.[56]

56) 柳承宙, 앞의 책, 1993, 315쪽.

倭銀 수입의 하락은 貸與銀제도에 치명적이었다. 일본에서 유입되는 銀은 줄어들어서 역관들이 호조에서 빌렸던 銀을 다시 갚을 때 문제가 생겼기 때문이었다. 역관들이 호조에서 빌려간 銀으로 중국 물화를 사들이더라도 이것을 국내에서 일본인들과 교역하는 장소인 倭館에서 제대로 팔기 힘들어졌다. 또한 일본인들이 일본 국내 銀 사정 때문이라면서 3~4년까지 은화의 지급을 늦추기도 했기 때문에 역관들은 제 때 물건 값인 銀을 받지 못하는 경우가 늘어났다.[57]

사정이 이러했지만, 17세기 말 이후 청으로 유출되는 銀은 줄어든 것이 아니라 오히려 늘어났다.[58] 이전 시기에 銀무역으로 부를 축적했던 역관들은 銀무역에서 손을 떼려고 하지 않았고, 조선정부조차도 국제무역의 현상을 파악하지 못했기 때문에 역관들에게 더 많은 銀을 대여해 주고 있었다.

銀무역이 원활하지 않아서 국내에 유통되는 銀의 수량이 줄어들자 銀의 가격은 계속 올랐다.[59] 역관들은 일본인들에게 제 때 물화 가격인 銀을 받는 것이 힘들어서이기도 했지만, 銀 가격의 인플레이션으로 인해 호조에서 빌려갔던 銀을 모두 銀으로 갚으면 손해였기 때문에 되도록 銀이 아닌 다른 것으로 갚으려고 했다. 白絲 등 잡물로 대신 갚거나[60] 銀과 돈을 섞어서 갚는 일이 잦았다.[61] 기한 내에 갚지

---

57) 『邊例集要』 9, 下권, 「開市」 1700년 7월, 16~17쪽.

58) 18세기 전반에는 매년 청으로 유출되는 銀이 50~60만냥 정도였다(『萬機要覽』 財用篇5, 柵門後市).

59) 『備邊司謄錄』 50, 숙종 25년(1699) 5월 17일, 4권 787쪽 가, "左議政崔所啓……譯官等 多數出債 自各衙門 督納甚急 而即今舊銀絶種 無路備納 多有號怨之端 蓋錢貨漸賤 銀貨漸貴".

60) 『備邊司謄錄』 35, 숙종 5년(1679) 9월 6일, 3권 443쪽 라, "右議政吳所啓…… 故頃者卞誣之行 貸下各衙門及管餉銀貨貿取白絲等物 轉送倭館 以爲貿銀之地者 俱出於一時不得已之擧 而近來因此濫觴 至於商賈之負債於公家者 不以本銀捧之 多以白絲等雜貨代捧".

않는 일도 잦았다.[62]

倭銀 수입이 줄어들고 역관들이 호조의 貸與銀을 제대로 갚지 않는 일이 지속되면서 호조가 보유하고 있던 銀은 줄어들었다. 호조 儲置銀 수량의 변동을 정확히는 알 수 없지만, 줄어드는 추세는 다음의 표를 통해 확인할 수 있다.

17세기 중후반 300,000냥이던 호조의 儲置銀은 1721년에는 190,000냥, 1724년에는 140,000냥, 그리고 1725년에는 70,000냥을 거쳐 1733년에는 10,000냥으로 떨어졌다. 확연한 감소 추세이다.

<표 13> 호조의 儲置銀

年度	儲置銀(兩)	출전
1634	11,000	탁#
17세기중후반	300,000	『비』79, 7권 827쪽 라(年度를 정확히 알 수 없음)
1711	200,000	탁
1721	190,000	『비』79, 7권 827쪽 라.
1724	140,000	탁
1725	70,000	『비』79, 7권 827쪽 라.
1726	50,000	『비』79, 7권 827쪽 라.
1727	40,000	탁
1729	68,000	『비』85, 8권 536쪽 나.
1733	10,000	탁
1748	97,000	탁@

*『비』:『備邊司謄錄』
  탁 :『度支志』外篇 권18, 經費司 經用部, 經費, 外營米錢請得事實.
  탁# :『度支志』外篇 권2, 版籍司 版圖部, 附詔使接待.
  탁@ :『度支志』外篇 권18, 經費司 經用部, 經費, 京司米錢請得事實.

18세기 초반 호조의 銀 수입이 눈에 띄게 줄어든 반면, 銀 지출량은

---

61) 『備邊司謄錄』50, 숙종 25년(1699) 5월 17일, 4권 787쪽 가 ;『備邊司謄錄』
  50, 숙종 25년(1699) 6월 5일, 4권 794쪽 나~795쪽 나.
62) 『備邊司謄錄』51, 숙종 26년(1700) 10월 15일, 4권 952쪽 나~라.

예전과 비슷한 수준이었음을 확인할 수 있다. 수입이 크게 주는 반면, 지출은 비슷하게 유지되고 있었기 때문에 호조의 보유재정 銀은 당연히 감소했다. 호조 이외 국가기관들의 보유 銀 감소도 호조와 비슷한 양상이었다. 1726년에 이르면 호조를 비롯하여 각 아문에 저치된 銀을 모두 합해도 13만 냥밖에 되지 않았다.

<표 14> 호조의 銀 支出

年度	수입 銀(兩)	출전	年度	수입 銀(兩)	출전
1651	35,927	문·탁	1776	27,927	문
1668	12,214	문·탁	1777	19,578	만
1685	32,735	문·탁	1778	14,539	탁
1702	23,100	문·탁	1780	2,983	탁
1714	31,200	문·탁	1781	1,720	탁
1723	49,091	문·탁	1782	2,125	문·만
1729	36,147	문·탁·만	1792	983	만
1731	45,554	문·탁·만	1807	856	만
1757	24,420	문·탁·만			

*문 : 『增補文獻備考』 115, 財用考2, 國用2, 戶曹一年經費出入數.
　만 : 『萬機要覽』 財用篇4, 戶曹一年經費.
　탁 : 『度支志』 外篇18, 經費司 經用部, 經費, 一年經費.

이런 상황에서도 역관들의 銀 대여 요청은 끊이지 않았다. 중앙 국가기관이 가진 銀들이 모두 13만 냥인 상황에서도 역관들은 7만 냥의 貸與銀을 요청하였다. 문제의 심각성을 인정하여 實費 1만 냥만을 지급할 것으로 결정하였다. 이렇게 되면 역관들은 사행시 무역으로 이익을 남길 수 없는 노릇이어서, 불평불만이 제기되고 사행 수행을 제대로 하지 않을 것이 미리 걱정될 정도였다.[63]

---

63) 『備邊司謄錄』 79, 영조 2년(1726) 1월 24일, 7권 827쪽 라, "令中樞府事閔所啓 今番使行時銀貨事 使臣以七萬兩定奪云 臣取見各衙門文書 則都合十三萬兩 戶曹舊有三十餘萬兩矣 臣辛丑年遞任時 只有十九萬兩 前年聞之則減

90

貸與銀 때문에 중앙정부의 銀 손실이 심각했기에 역관들이 원한 7
만 냥 대신 1만 냥을 지급하기로 결정은 했지만, 과연 그 결정이 지켜
졌을지는 의문이다. 각 국가기관들은 이미 중앙정부의 결정에 反해서
貸與銀 빌려주는 일이 일반화되어 있었기 때문이다.

이처럼 국가기관의 銀 수입 확보가 여의치 않고 貸與銀제 때문에
더욱 손해를 보고 있었다.

더욱이 호조는 倭銀 수입량 감소 때문에 儲置銀 확보에 직접 타격
을 받았고 貸與銀제도는 호조의 지출을 오히려 늘리고 있었는데도,
그대로 운영되고 있었다. 貸與銀제도는 장기간의 사행 동안 국가에서
따로 월급을 받지 않으면서 외교업무를 담당하는 역관들에게 최소한
의 경제적 혜택을 주는 취지로 실시하는 제도였다. 그러므로 다른 대
책이 없는 한 이 제도를 포기할 수 없었다.

그러면 貸與銀제를 그대로 운영하는 한에서 호조가 儲置銀을 확보
하기 위해 강구한 새로운 방안은 무엇이었을까. 먼저 銀이 필요할 때
마다, 상인들에게 값을 주고 銀을 사들이는 방법이 있었다.[64] 하지만
이런 방식은 당장 필요한 물건을 사들이기 위해 銀을 확보하는 일시
적인 방법이었다.

호조가 적극적으로 사용한 銀의 입수 방식은 加入銀제도였다. 각
지방이나 衙門 등에서 저치해 놓은 쌀이나 돈 등을 팔아서 銀을 마련

爲七萬兩 其後又減爲五萬兩 其他軍門衙門 時在銀過萬兩處絶少 都合爲十
三萬兩 若以七萬兩入送使行 則通一國遺在不過六萬兩 如是而可成國家模
樣乎 臣聞於右相則以爲如此重事 不可不入送銀貨 而國儲如是枵然鳩 合各
衙門所在 出給一萬兩 如有用處則永爲用之 不用則還給本所 而勿爲如前
分給譯輩 取息還報爲 宜云 臣意亦然矣……閔曰 商譯以目前多得爲幸 豈
能慮後耶 今番不能多賣銀貨則渠輩必生怨心 或若因此落莫不爲致誠於使
事 則回還後各別重究之意 預爲嚴飭何如 上曰 依爲之".

64) 『度支志』 外篇, 官制部 版別房.

하도록 해서 받아들이거나,[65] 그곳에 이미 저치된 銀을 가져오는 것
이다. 호조가 加入銀을 받아들이는 대상은 경상도 등 각 지방과 훈련
도감, 병조 등 衙門을 포함하여 재정을 운용하는 모든 기관에 해당하
였다.

<표 15>는 호조의 加入銀이다. 호조의 加入銀에 관한 자료가 남
아 있는 것은 18세기 후반 이후부터인데, 19세기가 되면 加入銀의 횟
수와 수량이 늘기 시작했다.

<표 15> 호조 加入銀

年度	加入銀(兩)	年度	加入銀(兩)	年度	加入銀(兩)
1776	2,800	1824~31	0	1855	402.22
1777~83	0	1832	22,443.5	1856	2,629.89
1784	6,000	1833	5,331.52	1857	312.03
1785	0	1834	19,226.67	1858	7,838.8
1786	9,728	1835	25,727.13	1859	4,803.9
1787~99	0	1836	16,546.07	1860	1,816.75
1800	2,000	1837	338.15	1861	807.7
1801	7,871	1838	3,118.52	1862	9,988.35
1802	7,151	1839	2,317.57	1863	3,849.2
1803	8,750	1840	330.57	1864	55,700
1804~11	0	1841~44	자료 없음	1865	0
1812	5,000	1845	4,985.3	1866	23,500
1813	0	1846	2,339.31	1867~69	0
1814	5,000	1847	344.67	1870	819
1815	0	1848	1,232.61	1871	10,597.87
1816	46,000	1849	10,306.46	1872	16,070.65
1817~19	0	1850	434.61	1873	10,813.23
1820	8,000	1851	484.04	1874	554.1
1821	8,000	1852	5,533.86	1875	8,858.77
1822	0	1853	1,304.65	1876~81	0
1823	16,000	1854	307.1	1882	45,335.44

65) 『度支志』外篇, 經用部 經費.

<그림 3> 호조 加入銀 (단위 : 兩)

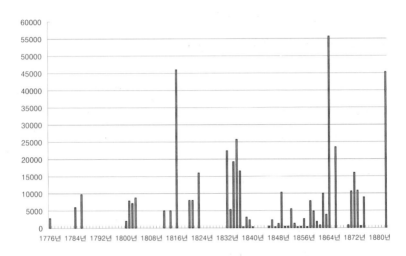

* 출전 :『度支田賦考』,「賦摠」加入, 驪江出版社 영인본 上, 379~431쪽.
* 1841~1844년 : 자료 없음.

그런데 호조는 銀의 加入이 필요하다고 판단할 때마다 여타 기관들에서 가져왔을 뿐, 별다른 加入 체계를 가지고 있지 않았다. 따라서 <표 15>에서 드러나는 바와 같이 銀 加入량은 일정하지 않았다.

이렇듯 호조는 加入銀에 의존하고 있기는 하였지만, 이것이 호조 재정문제를 해결할 만한 근본 해결방법으로 인지하고 있지는 않았다. 加入銀제도는 임시대책이었던 것이다. 오히려 貸與銀제도를 유지하기 위해 銀을 가입하는 방식은 호조 재정에 부정적인 영향을 주기에 충분했다.

임진왜란 이후 호조로 들어오던 중요한 수입원이면서 예비재정 역할을 하던 銀은 18세기 전반이 되면서 제 역할을 하지 못했다. 국내 유통되는 銀의 감소로 호조의 銀 수세량이 축소된 데다가 貸與銀마저 제대로 환수되지 못하는 바람에 호조의 儲置銀이 줄어들었기 때문이었다. 儲置銀 부족에 대한 대책으로 加入銀제도가 운영되기는 했지만, 이것이 체계적으로 정착되지 않았기 때문에 호조는 銀 이외에 새로운 수입원 확보 대책을 세워야 했다.

3. 재정 수입 확보책과 鑄錢 시도

1) 17세기 후반 조선정부의 鑄錢정책

한정되어 있는 전세와 타국의 무역에 의지해야 하는 銀과 달리 조선정부가 자발적으로 충당할 수 있는 재정 보용방법은 鑄錢이었다. 조선정부의 주전정책은 17세기 후반 이후 활발해지고 있었다.

조선전기 선조 때에 시행된 적이 있는 주전은 1625년(인조 3)에 다시 시도되었다가 얼마 지나지 않아 병자호란이 일어나는 바람에 혁파되었다. 그 후 1651년(효종 2)에 주전을 하면서 각사에 공물을 낼 때 돈을 섞어내게 한 것이 조선후기 주전의 본격적인 시초였다. 그 후 주전은 간간이 시행되었다. 그런데 주전은 시행이 되는 와중에도 늘 혁파가 같이 논의되었다.[66]

주전을 시행하면서 한편으로는 혁파해야 한다는 주장이 계속 나왔던 것은 조선정부의 주전정책에 일관성이 없었던 탓이었다. 재화를 유통하는 것이 편리하다는 것이 조선정부가 주전을 시작한 표면적인 이유였다. 그런데 주전은 담당할 기관, 통화량 조절정책 등 장기적인 계획이 수립되지 않은 상태에서 시작되었으며, 각 국가기관에서 주전을 할 필요를 느껴서 요청을 하면 그 때마다 주전을 하였다.

그런데 주전을 요청하는 각 국가기관들이 당시 통화량에 대한 자료

---

66) 『萬機要覽』 財用編4, 錢貨.

나 국가 전체 경제 흐름에 대한 근거를 가지고 있을 리가 없었다. 그런 것을 조사하는 체계도 없었고 조사하려는 의지도 없었기 때문이다. 국가기관들은 자 기관의 필요에 따라 요구할 뿐이었다.

주전은 그 자체로 각 기관의 재정 수입이 되었다. 재정 확보를 위해 주전을 요청하는 경우가 더 많았으리라 추측하는 것은 무리가 아니다. 따라서 주전이 남발되는 등 폐단이 끊이지 않았다.

이런 이유로 17세기 후반에 이르렀을 때 조선정부는 여전히 주전과 혁파 사이에서 갈등하고 있었다. 그럼에도 이 시기에 조선정부는 돈의 혁파보다는 주전 쪽으로 의견이 기울었다.

영의정 허적이 아뢰기를 "우리나라에는 본래 통용하는 화폐가 없었으나 근래에 와서 화폐를 통화시켜 땔감·채소 값까지도 모두 銀을 사용하고 있습니다. 銀은 우리나라 산물이 아니며, 또 사람마다 얻을 수 있는 것이 아닙니다. 銀이 나올 길은 좁은 데 銀을 사용할 길은 넓으므로 부정으로 銀을 제조하는 폐단이 오늘날에 와서 더욱 심해졌습니다. 돈은 곧 천하에 통용하는 화폐임에도 오직 우리나라만은 막힘이 있어 전부터 여러 번 시행하려 하였으나 시행하지 못하였습니다. 지금은 物貨가 유통되지 않으므로 사람들의 마음은 모두 돈의 통용을 원하고 있고, 대신과 여러 宰臣들도 모두 편리하고 이롭다고 생각하는데, 이는 시행할 만한 시기인 까닭이니 단행하는 것이 의당할 듯합니다. 앞서 돈의 통용을 논의할 때 田稅의 반을 돈으로 대신 거두어들이니 시골 백성들은 갑자기 돈을 구하기가 어려워 어쩔 수 없이 서울에서 防納히였습니다. 그리므로 民怨을 빚게 되어 마침내 중지하게 되었습니다. 이번에 먼저 3司의 贖錢 징수 및 推考 贖木(속죄 대신 내는 무명)을 돈으로 수봉하고, 점차로 통용되게 하는 것이 어떻습니까?" 하였고,……임금이 말하기를 "전화의 통용은 이익은 있고 해는 없는 것이지만 백성들이 원하는 바요 여러 논의들이 같으니 단행하는 것이 옳다.” 하니, 허적이 아뢰기를 “그러면 호조·상평청·진휼청·정초청·사복시·어영청·훈련도감에 분부하여 돈을 주조하게 하는 것이 의당합니다.” 하였다.[67)]

1678년에 이루어진 위의 논의에서 주전을 하여야 한다고 주장한 것은 銀 때문이었다. 시중에서 銀의 사용을 막으려면 돈을 유통시켜야 한다는 이유였다.

17세기 후반은 銀의 수입이 활발한 때였다. 하지만 銀은 고가의 물건을 거래할 때에 사용되었고 특히 대청·대일무역에 반드시 필요했기 때문에, 정부는 銀이 국내시장에서 유통되어 흩어져버릴 것을 경계하고 있었다. 따라서 銀이 일반 통화로 사용되지 않도록 하기 위한 銀의 대체품이 필요했고, 돈은 그 대체품으로 적절했다.[68)] 정부는 주전 후, 적극적으로 돈으로 납세 받는 등 돈이 널리 통용될 수 있도록 하였다.[69)] 이렇듯 중앙정부는 주전정책으로 고가화폐인 銀 대신 돈이

---

67) 『備邊司謄錄』 34, 숙종 4년(1678) 1월 24일, 3권 339쪽 다~340쪽 가, “領議政許所啓 我國本無通行之貨 自近年以來 以錢爲通貨 至於柴菜之價 亦皆用銀 銀非我國之産 而又非人人之所得有者也 出銀之路 狹而用銀之路 廣 故詐僞造銀之弊 至于今日而極矣 錢乃天下通用之貨 而獨我國 有所窒礙 自前累欲行而不得行矣 今則物貨不通 故人情皆願行錢 大臣諸宰 亦皆以爲便益 時可以行之故也 斷而行之 似爲宜當 前者議行錢時 田稅一半以錢代捧 則鄕曲之民 猝難得錢 不得不防納於京中 故致有民怨 未免中止 今則先於三司收贖 及推考贖木 以錢捧之 以爲漸次通用之地 何如……上曰 通行錢貨 有益無害 而民情之所願群議之所同 則斷而行之可也 許曰 然則分付于戶曹常平賑恤廳精抄廳司僕寺御營廳訓鍊都監 使之鑄錢宜當矣”.
68) 『承政院日記』 263, 숙종 4년(1678) 1월 23일.
69) 『備邊司謄錄』 34, 숙종 4년(1678) 閏 3월 24일, 3권 349쪽 나~라, “啓目錢幣是天下萬國通行之貨 而我國之累試旋停 尙不得通行者 蓋緣銅非土産 且有麤木之便於懋遷是白如乎 近年以來 麤木斷絶 公私百物之買賣 專靠於銀貨 如柴炭蔬菜之微物 必有銀貨 然後乃可交易 而銀貨亦非我國之産 其價且重 最妙於低昂輕重之便 物貨不通 利源漸塞 廣思變通之道 則轉環流行 可作

사용되도록 유도하였다.

　한편 주전은 쌀의 가격 폭등을 막기 위한 것이었다.

　매년 진휼을 운영하면서 정부는 쌀 가격의 폭등이라는 문제에 부딪히고 있었다. 진휼을 하기 위해 봄에 대량으로 곡물을 풀고 그것을 가을에 일시에 돌려받았는데 푼 곡물을 다시 돌려받을 때 곡물의 가격이 폭등했던 것이다. 특히 쌀 가격의 폭등은 골칫거리였다.[70]

　쌀 가격의 폭등은 단순히 쌀 가격만의 문제가 아니었다. 쌀은 주식량이자 현물화폐의 역할을 하고 있었다. 그런데 쌀 가격이 올라가면 국가 전체의 물가가 덩달아 인플레이션 될 수밖에 없었다. 다른 종류의 경제개발이 없는 농본사회인 조선에서 쌀 가격이 오르고 이 때문에 전국의 물가가 오른다면 이것은 심각한 경제위기를 초래할 수 있었다.

　대책이 필요했다. 조선정부는 쌀 대신 銀으로 환수하자는 대처방안을 내놓기도 했다. 그런데 쌀 대신 銀을 받으면 銀의 가격이 올라갈 것은 불 보듯 뻔한 예측이었다. 앞서도 말했듯이 조선정부는 고가이면서 대청·대일무역에 쓰이는 銀 가격이 오르락내리락하는 것을 바라

不竭之需者 莫過於錢 而銅鐵之路 亦不至於昔時之太狹是白乎等 以依楊前定奪 令各衙門鑄成 今至千貫 雖似不足 繼鑄不掇 則自可通行 四月初一日爲始行之之意 亦已定奪爲白有等 以應行節目磨鍊後錄爲白去乎 依此擧行何如……
　一 刑曹司憲府漢城府義禁府各樣贖木 竝以錢貨代捧爲白齊
　一 市廛 亦有自中出物之事 必以錢文收聚需用事 知委施行爲白齊
　一 只捧三司贖木 則公私出入之路 殊涉不廣 賑恤廳還上收捧時 以錢文依定式量宜代捧爲白齊".

70)『備邊司謄錄』31, 숙종 1년(1675) 10월 3일, 3권 200쪽 라, "啓曰 今春 以賑恤廳米四千七百五十石 戶曹米八千七百九十石 分給還上於都城及郊外之民 以濟其急矣 不幸値此凶歲 即今米價極其騰涌 此際以米督捧 則不但受食者之難備 市直亦必從而益高 此尤不可不慮".

지 않았다. 쌀과 銀을 동시에 대체해서 이들의 가격을 안정시킬 수 있는 새로운 대안, 그것이 바로 돈의 발행이었다.

조선정부는 돈을 진휼에 투입함으로써 쌀 가격을 안정시키려고 하였다. 진휼의 보충과 환수에 적극적으로 이용하였는데, 돈을 진휼청으로 보내어 보충하고[71] 돈을 섞어서 진휼을 주었으며,[72] 진휼을 돌려받을 때도 돈을 섞기도 했고 아예 돈으로만 받는 경우도 있었다.[73]

그런데 이렇게 조선정부의 정책방향이 주전으로 돌아선 뒤에도, 주전을 담당하고 이를 관리할 기관을 한 기관으로 통합하지 못했다. 여전히 여러 국가기관이 수시로 주전을 하고 있었다. 주전의 필요성에 대해서는 합의가 이루어졌지만 여전히 주전과 관련한 구체적인 정책이 없는 상태였다.

---

71) 『備邊司謄錄』 35, 숙종 5년(1679) 1월 19일, 3권 403쪽 다.
72) 『備邊司謄錄』 35, 숙종 5년(1679) 8월 4일, 3권 437쪽 다~438쪽 가.
73) 『備邊司謄錄』 35, 숙종 5년(1679) 4월 9일, 3권 421쪽 나~라, "啓曰 今四月初八日大臣備局堂上引見入侍時 行大司憲吳挺緯所啓 錢文 朝家旣已定式與銀同價 而市民私自加給錢文 此無他 銀貨貴 鑄錢多 而只用於京中故也 議者 皆以爲今則各衙門所鑄旣多 監兵各營所鑄亦多 今若通行外方 而民役中收米則依當初所定 不可許令代捧錢文 而大同木綿及各司奴婢身貢騎步價布則當以錢文代捧 而或折半 或盡數捧之之事 從當磨鍊以啓矣 左議政權曰 當初以待其多錢 使京外通行矣 今聞諸道監兵營所鑄旣多 京鑄且多 今可以通行於京外 而但其中不願行者 則不必强令行之 只令願用者用之宜當 而如或有無錢而不能行者 則許令上京貿去似好 以此爲先分付諸道何如 上曰 依爲之事傳教是白有亦 外方各樣身役納布之數 多寡不一是白乎等以 就其各衙門軍布 及奴婢貢木諸般身役應納之數 從各該司緊歇 或全數或折半以錢文 使之從自願上納爲白在果 至於兩局及守禦精抄等廳 則各自軍門 量其需用 且從民情 定式稟處爲白㫆 其他兩湖嶺南江原等道大同作木之處是白在如中 七八斗作木者乙良 各米三斗式 五六斗作木者乙良各米二斗式 以錢文收納爲白乎矣 應納身布中 軍兵各司奴婢 直貢衙門 並以每名二疋與二疋半者 及每名一疋與一疋半之類 參以錢文收納之數 區別色目 開錄于後爲白去乎 以此分付各衙門及諸道何如 啓依允."

여러 국가기관이 주전을 하도록 한 이유는 있었다. 17세기 후반이 끝나갈 무렵까지도 돈은 주로 세금을 낼 때에 사용되는 것이었다. 그리고 서울 이외의 지방에서는 잘 통용되지도 않고 있었다.[74) 편리하게 통용이 되지 않고 있었기 때문에 돈의 명목가치는 아직 인정받지 못하고 있었다. 돈의 사용이 정착되기 위해서는 일정한 수량이 통용되어야 했다. 지방에서 통용되지 않는다는 사실은 돈의 유통량이 많지 않았음을 반증하고 있었다. 그러므로 여타 국가기관들이 자신들의 재정수입을 위해 수시로 주전을 요청할 때 중앙정부는 이를 딱히 저지할 필요가 없었다.

여러 국기가관들이 주전을 하는 동안 이것은 국가기관들의 재정보용책으로 안착되어 갔다. 강화와 남한산성 등 군사기지에서도 주전을 요청하는 등[75) 주전은 이미 국가기관들이 손쉽게 물력을 마련할 수 있는 방법 중 하나로 정착하고 있었다.[76) 돈을 필요로 하는 지방관청 또한 주전을 할 수 있었다.[77) 심지어 지방에서 세금으로 걷을 돈이 없을 때에는 돈을 주조한 후 상납하게 하였다.[78)

---

74) 『備邊司謄錄』 35, 숙종 5년(1679) 4월 9일, 3권 421쪽 나~라 ; 『備邊司謄錄』 43, 숙종 15년(1689) 9월 8일, 4권 236쪽 나~라.

75) 『備邊司謄錄』 46, 숙종 18년(1692) 10월 4일, 4권 484쪽.

76) 『備邊司謄錄』 46, 숙종 18년(1692) 8월 23일, 4권 475쪽 라~476쪽 가, "領議政權所啓 日昨沙場閱武時 因領府事金所達 摠戎廳物力疲弊 不成貌樣 十餘同木每年定式題給之意陳達 而令廟堂稟處事命下矣 摠戎廳之疲弊 果如金所達 而無他善處之策 木同之每年題給 亦是難繼之道 招問摠戎使張希載 則以爲朝家若使本廳 限一年鑄錢 則庶可成樣云 鑄錢之擧 實爲重難 而本廳之事 亦甚可慮 常平廳鑄錢之役 今幾垂畢云 使之繼此而定限鑄錢何如 右議政閔曰 十餘同數雖不多 旣無出處 則年年繼給 其勢未易 若許其一年鑄錢 則可得萬餘兩餘剩云 可以轉換生殖 庶有成樣之望 事甚便好矣 上曰 依所達許令鑄錢可也".

77) 『備邊司謄錄』 45, 숙종 17년(1691) 10월 24일, 4권 422쪽 가~나.

78) 『備邊司謄錄』 45, 숙종 17년(1691) 11월 14일, 4권 426쪽 나~라, "吏曹參判

한편, 정부는 지방에서 돈이 활발하게 유통되도록 시장의 매매 규정을 새로 정하였다.

　전화가 中外에 유통된 뒤라야 영구히 통화로 사용될 수 있는 것이니, 각 아문의 저축하고 있는 錢文의 수효를 기록하여 호조에 移文하면 호조로부터 八道의 監營 兵營 統制師營 水營과 대읍의 도회처에 보내서 中外에 유통되게 할 것이다.

　家舍·노비·田畓의 매매는 錢文으로 반액을 거래한다. 만약 전액을 銀이나 베로써 매매대금을 거래하는 자가 있으면 빗기[79]를 허락하지 않는다.[80]

정부는 집과 노비 그리고 전답을 매매할 때 대금의 절반을 반드시 돈으로 지불하게 하였으며, 만약 전액을 銀이나 베로 지급하면 관청에서 이 거래를 허락하지 않을 것임을 명확히 하였다. 이렇듯 정부가 지정한 몇 가지 거래를 반드시 돈으로 하도록 함으로써 지방의 돈 유통을 유도하였다.

17세기 후반 銀의 유통 저지와 쌀 가격 폭등을 막기 위해 조선정부는 주전을 선택했다. 그런데 조선정부는 주전기관을 통합하지 않고 있었으며 각 국가기관이나 지방이 자체 재정 보용을 목적으로 주전을

　李玄逸所啓 臣於去月入侍時 敢請嶺南行錢之意矣 頃見宣惠廳回啓 欲使嶺南之民 大同木上納時折半作錢 貿諸京市 納之本廳 雖出於參酌之意 然如此 則臣恐其弊益滋 而民無蒙惠之道矣 今歲嶺南木貴穀賤 綿布之辦出甚難 穀重不可遠致 嶺南銀貨 又不可售於京市 則今使貿錢京市 以輸京倉者 豈非重困窮民乎 臣之初意 以爲或送錢或籌錢 使民以錢輸稅 則庶無穀賤傷農之患 故敢有所達 欲爲一分敎民之計矣".

79) 斜出 : 관에 제출하여 지령을 받거나, 그 제출한 서면에 관의 증명을 받는 것, 또는 관에서 명령서를 내리는 것.

80) 『秋官志』3, 考律部 定制 行錢事目.

100

원할 때마다 허락하는 방식으로 주전을 계속하였다. 유통될 돈의 수량
이 많지 않기 때문에 지방에까지 돈이 유통되려면 수시로 주전을 할
필요가 있었던 것이다. 정부는 몇몇 종류의 매매 시에도 돈을 사용하
도록 함으로써 돈 유통의 확장을 꾀하고 있었다.

2) 18세기 전반 銀 수입 부족과 호조의 鑄錢 시도

국가기관들의 재정 보용 욕구와 맞물려, 17세기 후반 주전은 확대
되었다. 그런데 여러 국가기관들이 주전을 하면서 돈의 크기나 모양새
등이 통일되지 않는 등 주전의 기준이 지켜지지 않았던 탓에 돈 가치
가 통일되지 않고,[81] 그 가치는 점점 떨어지는[82] 부작용이 확대되는
문제가 반복되었다.

게다가 정부의 허락 없이 몰래하는 주전, 즉 私鑄까지 상황을 악화
시키고 있었다.

> 민진장이 아뢰기를 "……현재 돈이 천해진 것은 대체로 은화가 순
> 조롭게 통행되지 못하였고 사사로이 주조한 돈이 낭자했던 소치입니
> 다. 연전에 진휼청에서 돈을 주조했을 때 東萊에서 많은 수량의 철물
> 이 올라왔습니다. 그러나 돈의 주조를 정지했기 때문에 장사꾼들 집에
> 쌓아 두어 결국 쓸모없는 물건이 되었습니다. 사사로운 주전이 많아진
> 것도 꼭 이 때문이 아니라고 할 수는 없습니다."[83]

---

81) 『備邊司謄錄』35, 숙종 5년(1679) 5월 13일, 3권 425쪽 라~426쪽 가.
82) 『備邊司謄錄』36, 숙종 8년(1682) 3월 28일, 3권 493쪽 라~494쪽 가.
83) 『備邊司謄錄』50, 숙종 25년(1699) 6월 6일, 4권 794쪽 나~, "閔鎭長曰……
而卽今錢賤 蓋以銀貨不能順行 私鑄極其狼藉之致 年前賑廳鑄錢時 東萊鐵
物 多數上來 因其停鑄 積置商賈之家 便作無用之物 私鑄之多 未必不由於
此".

민진장이 말한 돈의 가치가 낮은 이유는 두 가지였다. 첫째 銀이 고액의 가치를 유지하고 있었기 때문이다. 銀은 원래도 고액이었지만 유통이 많지 않을수록 그 가격이 더 올라갔기 때문에 가치가 안정되어 있지 않은 돈과 비교했을 때 銀의 소장가치가 높았다. 사람들이 銀을 선호하면 할수록 상대적으로 돈의 시세는 더 떨어지기 마련이었다.[84] 둘째, 私鑄가 많으면 당연히 돈에 대한 신뢰도가 더 낮아져서 그 가격이 떨어지는 것이다.

정부에서 발행하는 돈의 가치가 통일되지 않고 계속 떨어지기까지 하면, 명목화폐로서 제 기능을 하기 힘들다. 시장에서 유통되는 돈에 대한 신뢰가 옅어지기 때문이다.

주전에 대한 명확한 대책이 필요했다. 호조는 기준 없이 주전해서 돈 가치가 떨어진다며 다른 국가기관들은 주전을 못하도록 제지하고자 하였다.

호조에서 아뢰기를, "本曹의 경비가 궁핍한데 그 가운데 미곡이 더욱 잇대어 쓰기 어렵습니다. 그러므로 작년 지출해야 할 쌀·좁쌀 대신에 무명 또는 돈으로 형편에 따라 지출하였습니다. 그러므로 작년 미곡을 지출한 수가 신유년에 비하여 감축한 바가 1만여 석에 달합니다. 지금의 경우 조세로 내는 콩은 전액 삭감되었고 무명으로 들어온 것이 많지 않으며, 돈도 곧 떨어지게 되었습니다. 비록 쌀을 지출할 곳에 대신 지급한다 하더라도 형편에 따라 보충할 길이 없으니 일이 매우 걱정입니다. 다만 본조로 하여금 전문을 주조하게 하고 각 아문에는 허용치 않는 것이 어떻겠습니까? 또 각 아문 및 지방에서 주조한 돈은 斤兩이 수에 맞지 않고 주조할 때에 잡철을 섞어 마침내 무용지물이 되므로 돈의 가치가 지극히 천합니다.……" 하니, 임금이 아뢴

---

84) 『備邊司謄錄』50, 숙종 25년(1699) 5월 17일, 4권 787쪽 가.

대로 하라고 하였다.[85]

호조는 여러 국가기관들의 주전을 막고 호조만이 주전을 담당하도
록 하자고 청하였다. 여러 기관에서 주조할 때 잡철을 섞는 등 기준에
맞지 않게 주전을 하기 때문에 돈의 가치가 떨어진다는 이유였다.
　물론 호조 역시 돈으로 자가 재정을 보충하겠다는 의도로 주전을
담당하겠다고 말한 것이었다. 전세 중 자주 발생하는 쌀 수입의 부족
분을 돈으로 보충하겠다는 뜻이었다. 그래도 돈의 가치가 올라가려면
호조와 진휼청에서만 주전을 전담해야 한다는[86] 의견은 결과적으로
옳은 주장이었다. 하지만 이미 여러 국가기관의 재정 보용책으로 자리
잡은 주전이 쉽사리 호조의 전담으로 바뀌지는 않았다.
　그런데 18세기에 들어서면서 호조가 주전에 매달려야 하는 이유가
더욱 확연해졌다.
　돈은 그 가치가 안정되어 있지 않는 상황에서도 정부 관계자들은
유통 확대를 계속 꾀하고 있었는데,[87] 이런 노력 끝에 돈의 유통이 늘
어나면서 그 시세가 차차 올랐던 것이다. 1716년이 되면 돈의 가치가
높고 통용도 많이 되고 있어서, 銀과 돈의 가치가 거의 같다는 얘기가
나온다.[88] 그리고 상황이 변하자, 각 아문에서는 돈을 받고 銀을 받지

85) 『備邊司謄錄』37, 숙종 9년(1683) 1월 29일, 3권 619쪽 라~620쪽 나, "戶曹啓
日 本曹經費艱乏 其中米穀尤難繼用 故上年應下大小米代 或以木疋或以錢
文 推移用下 故上年米穀用下之數 比辛酉所減者多至萬餘石 而今則稅太全
減 作木之入不多 錢文垂盡 雖代給於用米之處 亦無推移充補之路 事甚悶
慮 只令本曹鑄錢 勿許各衙門何如 且各衙門及外方所鑄之錢 錢兩旣不准數
鑄成之際淆雜雜鐵 終爲無用之物 故錢文之價以至極賤……上曰 依爲之".
86) 『備邊司謄錄』47, 숙종 19년(1693) 7월 4일, 4권 530쪽 가~라.
87) 『備邊司謄錄』59, 숙종 34년(1708) 1월 19일, 5권 758쪽 가.
88) 『備邊司謄錄』69, 숙종 42년(1716) 12월 25일, 6권 875쪽 나, "近來市肆之間
銀錢幾乎相將殆無貴賤輕重之別".

않는 일까지 생겼다. 가격이 높아진 돈을 받는 것이 유리하다는 이유였다.[89]

이렇게 돈의 시세가 상승세를 탄 것은 당시의 銀 유통과도 관계가 있었다. 이미 설명하였듯이 18세기 초는 일본에서 銀 유입이 급감하였던 때였다.[90] 17세기 후반에는 조선으로 유입되는 倭銀의 양이 비교적 꾸준했지만, 18세기 전후를 기점으로 그 수량이 줄어들었고 지속적으로 하락했던 것이다. 1698년의 銀 수입이 그 전 해에 비해 절반 정도로 떨어진 것을 볼 수가 있다. 1699년에는 종전과 같이 회복하지만, 18세기에 들어서면서 銀의 수입은 지속적으로 떨어졌다. 1708년이 되면 일본으로부터 倭銀을 지불받을 수 있는 무역품목인 生絲의 무역량이 급감하였고 이런 추이는 계속되었기 때문에 그 이후로 倭銀의 수입 또한 급락하였다. 銀이 귀하게 유통되는 수준을 떠나 유통 자체가 힘든 국면에서 원활하게 유통될 수 있는 돈이 대신 새로운 지불수단으로 부상하면서 그 가격을 높여갔다.

돈의 가치가 올라간 18세기 전반에 호조는 수입에 타격을 받고 있었다. 倭銀 유입의 하락은 호조의 銀 수세에 그대로 영향을 미쳤다. 호조는 銀 수세를 전담하고 있었고 이것은 호조의 예비재정으로 유용하게 사용되고 있었다. 銀 수세가 줄어들고 貸與銀제도 마저 원활하게 유지되지 않자 호조의 보유 銀은 지속적으로 줄어들었다. 銀을 대신할 만한 새로운 재정 보용책을 찾아야 하는 형편이었다. 세입이 줄

---

89)『備邊司謄錄』70, 숙종 43년(1717) 11월 11일, 6권 992쪽 가~나, "藥房都提調 金所啓 此乃平安監司金楺狀請鑄錢事也 觀其辭意 則以爲近來錢貨甚貴 幾與銀等 今只用錢依舊 而只禁鑄錢 使貨源日縮 恐非計之得也 本道災荒 振古所無 聚穀之道 落無其策 營儲只有 若干銀錢 分貸列邑 以資於民 凡干 買賣稅納 皆未免以此代納 而以其銀錢之故 各衙門多令納錢 而不許納銀 故錢價漸登銀價漸落 不可不變通 以救其弊".

90) 이 책 2장 2절 참조.

104

고 물력이 고갈되었다는 이유로 호조가 계속 주전을 원한 것은 당연
했다.91)

17세기 말 구체적인 대책 없이 시작된 주전은 18세기 전반을 지나
면서 銀을 대체한 조선정부의 재정 보용책으로 안착하였다. 그럼에도
주전과 관련된 제반 문제가 해결된 것은 아니었다.

호조가 주전의 주도권을 잡아가려는 노력을 펼쳤음에도 주전을 원
하는 타 국가기관과 지방관청은 공식·비공식적으로 주전을 하고 있
었다. 통화량과 통화흐름을 정부에서 관장하기 힘든 정황이었다. 이런
폐단 때문에 1724년에 즉위한 영조는 영조 1년인 1725년에 주전을 중
지하는 쪽으로 결정을 내리기도 했다.92) 계속 되어온 주전의 폐단을
근절하기 위해서는 주전을 중지하고 돈을 유통하지 않는 쪽으로 방향
을 돌리는 것이 낫겠다고 영조는 판단한 것이었다. 게다가 돈은 국내
에서만 사용되었지 중국과 일본까지 통용되지 않았기 때문에, 은화를
대신하는 화폐로도 사용될 수 없다는 것이 영조의 생각이었다.93)

하지만 정부관리들 중 많은 이들은 여전히 주전에 찬성하고 있었
다. 유통되고 있는 돈을 완전히 없애버릴 수도 없고, 일부 돈으로 받
던 세금을 다른 것으로 대체할 수도 없으며 정부의 재정 수입을 위해
서 새로운 대책을 내놓을 수 없는 와중에 나온 주전 금지정책은 딱히

91) 『備邊司謄錄』 74, 경종 3년(1723) 5월 3일, 7권 395쪽 라~396쪽 라.
92) 『備邊司謄錄』 78, 영조 1년(1725) 10월 20일, 7권 771쪽 다.
93) 『備邊司謄錄』 81, 영조 3년(1727) 5월 11일, 8권 69쪽 나, "上曰 思量則加鑄
之弊 又倍於錢貴之時 予意則非徒不欲加鑄 必欲無其物 無其物然後 人心
淑而巧偽息矣 卽今雖以錢乏爲言 錢乃是不食不衣之物 而亦不通用於南北
且無舡運沈沒之事 則似無減少之理 而以至於乏少者 以富益富貧益 而然也
今雖加鑄 四五年間未必無減之縮事 而未滿十五餘年 又必有加鑄之說 予意
則知罷錢之爲好 而罷錢後未知救弊之道矣 今者大臣所達 與予意相同 市上
買賣 雖不可禁 京其與外方公用 則勿令用錢而試之 一二年則可知其有效與
否".

대안이 없는 정책이기도 했기 때문이었다.

이 시기 현저히 줄고 있는 銀의 유통의 상황을 생각해 볼 때 더욱 그러했다. 銀 무역에 참여해 부자로 손꼽히던 역관들은 이 시기 銀 무역의 저조로 많은 부채를 지는 정도였고, 부채를 감당하지 못해서 자결하는 역관까지 있었다.[94] 銀 유통이 이토록 저조한 시기였기에 돈이 銀의 자리를 대신해서 국내 화폐의 역할을 해야 한다는 것이 사람들의 중론이었다. 이런 당위성 때문에 영조의 주전 금지정책은 오래 가지 못했다.

1731년이 되면, 영조는 주전을 반대하는 입장을 고수하면서도 어쩔 수 없이 주전에 동의하였다.[95] 이런 중앙정부의 주전정책에 힘입어 호조는 주전을 재정 보충에 적극 이용했다.[96]

17세기 후반~18세기 전반 사이에 호조는 돈을 재정 보용책으로 삼기 위해 호조가 주전을 전담할 것을 주장했다. 여러 국가기관과 지방 관청까지 주전을 담당하는 상황은 돈의 가치를 떨어뜨리는 등 문제를 발생시키고 있었으므로 주전기관을 하나로 통합할 필요는 충분했다. 하지만 이미 다른 기관들도 주전을 재정 보용책으로 여기고 있었기 때문에 호조의 주전전담 주장은 받아들여지지 않고 있었다.

18세기 전반이 되면서 호조는 더욱 주전 필요성을 느꼈다. 돈의 통화량이 안정화된 반면, 銀의 유통이 급격하게 하락한 탓이었다. 호조로 들어오던 銀 수입이 매우 줄어서 재정 압박을 느끼던 호조가 銀을 대신할 품목을 찾고 있었는데, 이때 시세가 높아진 돈은 그것을 대치

94) 『備邊司謄錄』 78, 영조 1년(1725) 11월 7일, 7권 780쪽 라, "左議政閔所啓 各衙門各軍門銀貨 曾前使行貸去分給譯官 而未捧之數甚多 癸卯以前未收至於六萬兩之多矣 古富人必稱譯官 而近來殘弊特甚 積債未報 上年至有自決而死者 以此凡雜科中 至於譯科應赴者 絶少 不得充其元額".
95) 『備邊司謄錄』 90, 영조 7년(1731) 11월 20일, 9권 170쪽 가~나.
96) 『備邊司謄錄』 91, 영조 8년(1732) 5월 13일, 9권 311쪽 나~312쪽 다.

할 만했다. 비록 호조의 주전전담 주장은 지켜지지 않는 상황이었지만, 호조는 적극적으로 주전을 재정 보용방법으로 삼고자 했다.

이렇듯 17세기 말과 18세기 전반을 거치면서, 호조는 銀과 돈 등 화폐 수입의 장악을 전세 수입의 부족에 대한 대책으로 내어 놓았다.

제3장 18세기 중반 호조의 作錢收稅 확대 정책과 比摠制의 성립

1. 호조의 作錢收稅 확대 정책

1) 호조의 關西穀 作錢收稅

18세기 전반 銀 수입의 하락을 겪고 있던 호조는 이에 대한 대책으로 주전에 주목하였다. 이 시기에는 돈의 가치가 상승하고 안정되어가고 있었기 때문에 예비재정이 필요했던 호조에게 주전은 매력적인 재정 보용책이었다. 호조는 통화의 가치를 안정시켜야 한다는 명분을 내세우며 호조가 주전을 전담해야 한다는 주장을 폈다. 하지만 호조가 주전을 요구하는 이유는 이것으로 경비를 충당하기 위해서였다.[1]

호조가 전담 요구를 하고 있었지만, 18세기 전반 이후 호조의 주전 지휘는 별로 없었다. 주전은 기본적으로 三軍門 즉 御營廳 禁衛營 訓練都監을 중심으로 이루어졌다.[2] 세 군문은 군사업무 그리고 軍器 소장 등의 이유로 銀과 철 등을 소유하고 있었고 이것은 주전에 필요한 물력으로 활용되었다.

삼군문이 쉽게 주전을 할 수 있었던 이유는 주전을 위한 재료인 銅

---

1) 『備邊司謄錄』 91, 영조 8년(1732) 5월 13일, 9권 311쪽 나~312쪽 다.
2) 『備邊司謄錄』 47, 숙종 19년(1693) 7월 4일, 4권 530쪽 가~라.

을 소유하기 쉬웠기 때문이었다. 동은 주전의 재료이기도 했지만 火砲의 소재였다. 효종이 북벌정책을 표명하여 군비증강에 진력한 후 서울의 각 군문과 지방의 監·兵·水營에서 군사훈련과 군기 생산에 박차를 가하였다. 화포를 만드는 재료였던 동의 경우는 대부분 倭銅 즉 일본에서 수입해 오는 것이었다.3) 화포를 만들 책임을 가지고 있던 군문들은 동의 확보가 용이했다.

18세기 중엽 이후 왜동 수입이 감소하면서 국내 銅鑛 개발이 이루어졌다. 영조 14년(1740)에는 寧越과 遂安의 동광을 개발했는데 이에 삼군문과 호조 그리고 진휼청이 참여했던 것을 볼 수 있다.4) 호조는 동광 개발에 참여함으로써 주전할 재료를 획득하려했던 듯하지만, 동광 개발은 호조 전담이 아니었고 여전히 군문들도 참여하고 있었다. 군문들은 동전의 재료를 꾸준히 확보할 수 있었으므로 지속적으로 주전을 담당했다.

호조는 주전을 통해 재정 수입을 창출해 보려는 의지를 가졌다. 하지만 주전의 물력이 풍부한 기관들이 이미 주전을 통솔하고 있었고, 호조는 주전의 물력을 가지거나 이 기관들을 행정적으로 통치할 만한 권한을 가지지 못했다. 다시 말해 호조는 중앙국가기관들의 재정을 통합하는 기능을 확보하지 못하고 있었다. 호조는 재정 수입이 필요할 때는 여전히 다른 국가기관이나 지방관청이 저축해 놓은 돈을 끌어다 쓰는 방식으로 해결할 수밖에 없었다.

주전전담이 쉽지 않았던 호조는 작전을 통해 돈을 비축하는 쪽으로 관심을 기울였다. 호조는 관서지방, 즉 평안도에서 돈을 끌어오고자 했다. 평안도에 유치되어 있던 전세를 가져오는 과정에서 이를 돈으로 바꾸었던 것이다.

---

3) 柳承宙, 앞의 책, 1993, 제3장 2절 참조.
4) 柳承宙, 위의 책, 1993, 328쪽.

호조는 원래 전국의 전세를 받았다. 하지만 군사나 외교 등의 업무를 담당하고 있던 몇몇 지역에 대해서는 그 지역의 특수성을 인정해서 호조로 전세를 상납하지 않고 그 지역에 유치해두고 사용하도록 하였다. 평안도의 전세를 평안도에 두고 사용하도록 했고,[5] 함경도도 마찬가지였으며,[6] 남한산성, 북한산성, 강화도 등지도 그러했다.[7]

호조의 전세를 捧留하던 곳 중 하나인 평안도지방은 대청외교와 군사 그리고 대청무역의 관문으로 역할을 하고 있었다. 군사기지며 외교를 담당한다는 지역의 특성상 중앙상납하는 조세 중 일부를 상납하지 않고 군자곡으로 쌓아두고 있었을 뿐만 아니라, 대청 외교와 무역에 쓰이는 銀의 비축량이 많았다. 또 18세기 전반을 기점으로 銀의 유통이 줄어들고 돈이 기존 銀의 역할을 대체함에 따라 돈의 유통·비축량이 증가하였다.

평안도의 재정 비축량이 많았기 때문에 호조는 재정 확보의 필요를 느낄 때마다 이곳의 재정을 가져다가 사용했다. 대기근과 같은 불가피한 상황이 아니더라도 일상적인 호조의 재정 부족을 해결하는 데에 평안도의 곡물이 동원되는가 하면, 호조가 군영에서 빌려 쓴 곡식을 갚을 때에도 평안도 수세미가 동원되는 실상이었다.[8]

그런데 호조가 평안도의 비축재정을 그저 가져다 쓰는 데에만 관심을 가진 것이 아니었다. 호조는 평안도의 비축재정을 돈으로 바꾸어 오고 싶어 했다. 즉 作錢[9]을 원한 것이다.

---

5) 『度支志』 外篇6, 版籍司 田制部4 租稅.
6) 『度支志』 外篇6, 版籍司 田制部4 租稅.
7) 『度支志』 外篇6, 版籍司 田制部4 租稅.
8) 權乃鉉, 『朝鮮後期 平安道 財政運營 硏究』, 고려대학교 박사학위논문, 2003.2, 215~218쪽.
9) 作錢 : 곡물을 돈으로 바꾸는 것. [용례] "頃見宣惠廳回啓 欲使嶺南之民 大同木上納時折半作錢"(『備邊司謄錄』 45, 숙종 17년(1691) 11월 14일).

  호조판서 김시형이 啓를 올리기를, "현재 전화가 매우 귀한 것이 거의 銀과 상대할 정도니 진실로 이것은 이상한 일입니다. 무릇 재화는 물이 흘러가는 것과 같아서 돈이 귀한 폐단은 서울과 지방이 마찬가지인데, 유독 서관의 각 창고에는 쌓인 돈이 없지 않으니 예를 들어 三登縣의 한 읍으로 말하자면 삼면이 지극히 작은 읍인데도 각 창고에 있는 전화가 9천 냥에 이른다고 하니, 이것을 미루어보면 각 읍에 있는 전화가 얼마나 될지 알만 합니다. 서울의 아문 중에 호조에 가장 저축한 돈이 많은데 올해 감세한 후에 곡물이 부족한 까닭으로 무릇 貢價를 요구하여 모두 돈으로 주니 오래지 않아 (창고가) 비었다고 말할 것입니다. 서관에 호조가 소관해서 받아들이는 쌀이 있는데 일년의 경비 외에 남은 수가 항상 셀 수도 없습니다. 신의 뜻은 각 읍이 금년에 거둔 쌀과 지난 해 분으로 창고에 남겨놓은 쌀 중에서 섞어서 취해서 팔도록 하면 각 읍은 이 쌀을 창고에 남겨두고 본조의 折價에 의해 民庫錢을 올려 보내면 서관에 쌓인 돈이 유통될 것이고 서울에 전화가 귀한 폐단 또한 구제할 수 있으니 감히 이것을 앙달합니다."[10]

  호조는 '西關의 창고에만 돈이 있고 京外에는 돈이 귀하다'는 말로 작전의 이유를 대신했다. 평안도에는 비축된 돈이 많은데 서울 지역에는 적다는 것이다.

  여기서 '京外'라고 표현하기는 했지만 호조가 주전 그리고 돈의 유

---

10) 『備邊司謄錄』107, 영조 16년(1740) 12월 22일, 11권 29쪽 나~다, "戶曹判書 金始烱所啓 卽今錢貨極貴 幾乎與銀相代 誠是異事矣 凡財貨如泉之流行 而錢貴之弊 京外同然 獨西關各庫 無不積錢 試以三登一邑言之 乃三面至 小之邑 各庫所在錢貨 至於九千兩之多云 推此而各邑所在錢貨 可以知之 京衙門中戶曹最有錢儲 而今年減稅之後 穀物不足 故凡干貢價 皆以錢上下 不久將爲告罄矣 西關有本曹所管收米 而一年支放用下之外 餘數尙且不貲 臣意則各邑今年條收米及各年條留庫稅收米中 參酌許賣 而各邑則以此米 留置於庫中 依本曹折價 以民庫錢上送 則西關積儲之錢 可以流通 而京中 錢貨之弊 亦可以救得 故敢此仰達".

통과 수급에 관한 총 지휘권을 가지고 있지 않았음을 미루어 본다면, 이것은 서울 전체의 돈 비축·유통량을 가늠한 말이라기보다는 호조의 비축량을 표현했다고 보는 쪽이 옳을 것이다. 즉 호조는 호조의 돈 수급을 위해 평안도의 돈을 가져오려 한 것이다.

평안도는 지역적 역할의 특성상 원래는 호조가 관할하는 전세를 호조로 보내지 않고 비축해 놓았다.[11] 호조는 이 곡물을 가져가겠다고 하면서, 비축 해놓은 품목인 쌀 대신 돈으로 바꾸어서 가져오려고 한 것이다.

호조가 평안도에서 작전을 선호한 이유는 돈의 가치 안정화 때문이었다. 돈의 가치가 높아지자, 관청들은 돈으로 받는 것이 이로웠다.

임금이 전교를 내려 말하길, "……곡식과 비단은 백성이 만드는 것이고 전화는 관청이 만드는 것인데 백성이 만드니 조세로 취하고 관청이 만드니 부세로 나누어준다고 하는 것은 사리가 매우 명료하다. 그런데도 관청이 지키지 않고 도리어 백성에게 구하니 백성은 주전을 할 수 없어 명령에 한해서 바친다는 등의 말이 더욱 적확하다. 대저 돈으로 포를 대신한 처음에는 돈이 천하고 포가 귀하여 (관청이) 손해를 많이 보고 이익을 적게 할 뜻이었는데 지금은 포가 천하고 돈이 귀해서 손해가 적고 이익이 많아 심함이 말할 수 없으니 농사에 나태하고 양잠을 가볍게 여기는 폐단이 모두 여기에서 연유되었다." 했다.[12]

---

11) 『備邊司謄錄』33, 숙종 3년(1677) 11월 6일, 3권 325쪽 라, "領議政許曰 關西田稅本爲軍餉 非戶曹應用之物".
12) 『備邊司謄錄』95, 영조 10년(1734) 1월 27일, 9권 743쪽 나~다, "傳曰 '…… 穀帛者人所爲 錢貨者官所爲 人所爲 故租稅取焉 官所爲 故賦斂捨焉云者 事理甚明 而至於官失其守 反救於人 人不得鑄錢 而限令供饋等說 尤爲的確 大抵以錢代布 初則由於錢賤布貴損上益下之意 而今則布賤錢貴損下益上 亦甚無謂 懶農輕蚕之弊 率皆由於此'……".

조세를 납부 받을 때 곡물에 대한 作錢價는 미리 정해져 있었다. 지역과 풍흉 그리고 시기에 따라 달랐으나, 쌀 1석에 돈 5냥 좁쌀 1석에 돈 4냥 하는 식이었다.[13] 그래서 돈의 가격이 올라 있는 상태에서 조세를 돈으로 수납하면 관청은 결과적으로 더 많은 이익을 얻을 수 있었다. 쌀 1석에 대한 작전가를 3냥으로 쳐서 받더라도 돈의 가치가 올랐다면, 돈 3냥은 쌀 1석 이상으로 교환될 수 있다. 당연히 관청들은 작전상납을 선호하였다. 호조가 作錢을 원한 것도 마찬가지 이유였다.

그런데 호조가 作錢을 원한 것은 일시적인 돈의 가치 상승 때문이 아니었다. 주전전담 요청을 적극적으로 할 만큼 돈의 가치는 안정되어 있었고, 주전전담을 할 수 없게 되자 다른 방식으로라도 돈을 확보하는 것이 유리하다는 판단 때문이었다. 고가의 銀이 활발하게 유통되던 시기에 호조를 비롯한 각 관청들이 銀의 소장을 위해 전력을 투자했던 것처럼 돈이 銀의 자리를 대신한 이 시기에는 돈을 소장하기 위해 노력한 것이다.

게다가 평안도에서 作錢은 호조가 시세차익을 얻을 수 있는 방법이기도 하였다.

곡물 가격은 지역마다 차이가 있었다. 돈의 가격은 곡물의 가격과 반비례였다. 현물화폐로 사용되던 주요 곡물인 쌀의 경우를 예로 들어보자. 흉년이 들면 쌀값은 올라가고 풍년이 되면 쌀값은 그보다 떨어지기 마련이었다. 그런데 흉년이냐 풍년이냐 하는 것은 지역적인 차이에서도 연유했다. 다시 말하면, 같은 해라도 곡창지인 지역은 비교적 풍년이 가능하고 척박한 토지를 가진 지역은 흉년이 된다. 따라서 곡창지역과 그렇지 않은 지역을 비교하면 후자의 쌀값이 높다.

---

13) 『萬機要覽』 財用編2, 收稅.

이를 돈에 적용해보자. 쌀값이 높다는 말은 돈의 가치가 낮다는 뜻
이었다. 반대로 쌀값이 낮다는 것은 돈의 가치가 높다는 뜻이었다. A
라는 지역에서는 쌀 1섬에 돈 3냥인데, B라는 지역에서는 쌀 1섬에 돈
7냥이라면, 두 지역을 비교했을 때 A지역은 쌀값이 낮고 B지역은 쌀
값이 높다. 그리고 A지역은 돈의 가치가 높고 B지역은 돈의 가치가
낮다. 이렇듯 쌀 가격과 돈의 가치는 반비례하는 관계였다. 그리고 이
런 관계를 이용하면 차액을 쥘 수 있었다.

호조는 주전 대신 작전으로 돈을 소장하는 쪽으로 눈을 돌리고 있
었다. 호조는 평안도에 있는 전세를 가져오면서 作錢을 선호하였다.
이것은 호조가 돈을 확보하는 방편이면서 한편으로 시세차익을 남길
수 있는 방법이었다. 평안도 지역이 원래 쌀 생산이 적은 곳이어서 쌀
값이 높았다는 사정을 이용한 것이었다.

이렇듯 호조가 평안도의 곡물을 作錢收稅하려 한 것은 호조가 단
순히 지방의 재정을 가져오는 데에 관심을 가진 것이 아니라, 돈-곡
물 매매를 통해 시세차익을 노렸다는 것을 알 수 있다. 그리고 이것은
돈을 이용한 새로운 방식의 재정 수입 창출이었다.

2) 作錢收稅의 확대

호조는 평안도뿐 아니라 다른 지방의 조세도 적극적으로 작전수세
하고자 했다. 원래 작전수세는 거리가 먼 지방에 한해 있었으며 그 지
역들이 정해져 있었다. 곡물을 운송하는 동안 부패 등 문제가 생길 만
한 지역에 대해서 돈으로 납부하도록 한 것이다.[14] 하지만 그 이외의

---

14) 『度支志』 外篇6, 1권, 版籍司 田制部4 檢田, 468쪽, "三年(丁未)二月 本朝啓
目 嶺底七邑稅穀例納於可興倉 踰嶺轉輸至有甲米甲太之費 自前民願作錢
今亦依前大米折錢七兩太折錢三兩五錢 使之輸納何如 傳曰允".

지역에서도 작전수세 하는 비율은 점차 늘고 있었다.[15]

호조의 작전수세 비율이 늘어난 것은 지방관청들의 적극적인 작전 상납 요청에 의한 것이었다. 작전수세하기로 정해져 있는 지역 이외에 서도 작전수세의 요청은 끊임없이 올라오고 있었다. 지방관청들은 흉년에 조세 부담을 덜기 원하는 농민들이 작전상납을 원하고 있다고 말하였다. 흉년이면 조세로 내야 하는 현물의 가격이 올라가는데 이렇게 되면 돈으로 내는 것이 현물로 내는 것보다 부담이 덜하므로, 백성들이 조세를 돈으로 모두 내거나 돈을 절반 섞어서 내는 것을 더 많이 원한다는 것이었다. 또한 현물운반의 어려움을 감소시킬 수 있는 방법이라는 이유에서도 작전수세를 원했다.[16] 쌀이나 콩 등 현물로 조세를 납부할 경우 운송 도중 흠축이 될 우려가 있었으며, 운송비까지 더 든다는 것이다. 흉년이라 조세로 상납할 물량도 적은데 이런 부담까지 떠안기가 쉽지 않으므로 돈으로 납부하는 쪽이 농민들에게 훨씬 유리하다는 것이었다.

중앙정부 역시 흉년 때문에 현물보다 상대적으로 시세가 싼 돈으로 조세를 납부하도록 하는 것이 농민의 부담을 줄여주는 방법이라고 생각하고 있었다.[17] 풍년에는 비교적 싼 가격의 쌀로, 흉년에는 돈으로 내도록 하면 농민들이 그 은혜를 입을 것이라고 장담하였다.[18] 법전에도 현물의 작황이 좋지 않은 해에는 돈으로 납부하도록 규정하였다.[19]

---

15) 방기중, 「조선후기 군역세에 있어서 금납조세의 전개」, 『동방하지』 50, 1986 ; 「17·18세기 전반 금납조세의 성립과 전개」, 『동방학지』 45, 1984 ; 「19세기 前半 租稅收取構造의 特質과 基盤－貨幣收奪문제를 중심으로－」, 『國史館論叢』 17, 1990.

16) 『度支志』 外篇6, 版籍司 田制部4 檢田.

17) 『備邊司謄錄』 59, 숙종 34년(1708) 1월 19일, 5권 758쪽 가.

18) 『備邊司謄錄』 138, 영조 36년(1760) 3월 20일, 13권 398쪽 다.

19) 『備邊司謄錄』 96, 영조 10년(1734) 8월 23일, 9권 866쪽 다~868쪽 다.

지방관청의 작전 요청은 매우 잦았다.[20] 호조는 돈을 수납할 용의
를 확실히 가지고 있었던 터였는데, 지방관청이 흉년의 농민 부담 경
감을 이유로 작전수세를 요청하고 중앙정부도 이에 동의하는 분위기
가 이어지면서 자연스레 작전수세의 비율은 높아지고 있었다.

하지만 이러한 작전수세는 호조에게 손실일 수도 있었다. 앞서 평
안도에서 作錢은 그 주체가 호조였던 것과 달리, 호조는 이미 作錢된
돈을 수급하는 것이었기 때문에 시세차익을 얻지 못하였고, 더구나 흉
년에 시세가 내려간 돈을 수세해야 한다는 결론에 이른다.

호조는 作錢收稅를 할 때 돈-쌀의 가격 차이 때문에 생기는 손실
은 공인을 통해 무마하였다. 호조는 관청에서 필요한 물품을 공인들에
게 구매하고 그들에게는 미리 정해놓은 물건 값을 돈으로 주었는데,[21]
이렇게 함으로써 돈의 가치 상승·하락과 관계없이 호조의 지출을 일
정하게 유지할 수 있었다. 호조가 作錢收稅를 꺼려하지 않고 돈의 수
납에 적극적이었던 것은 이런 이유 때문이었다.[22]

한편, 作錢收稅는 호조가 고질적으로 고민해 오던 급재에 대한 대
책의 역할도 했다. 흉년의 급재 요청과 그로 인한 조세감축은 호조의
풀리지 않는 고민이었다. 호조는 이에 대한 해결책을 찾지 못한 채 다
른 세원 확보에 촉각을 곤두세웠다. 군자곡과 銀 확보 등은 모두 호조
의 세원 마련 정책이었다.

지방관청의 급재 요청은 과다한 것으로 평가되고 있었다.

영의정 이유가 말하기를, "흉년든 해에 수령들이 재해를 보고해 오

---

20) 『備邊司謄錄』 53, 숙종 29년(1703) 9월 26일, 5권 201쪽 나~202쪽 가.
21) 『備邊司謄錄』 120, 영조 25년(1749) 12월 6일, 12권 4쪽 나~다.
22) 『備邊司謄錄』 99, 영조 12년(1736) 6월 3일, 10권 270쪽 가~272쪽 다 ; 『備邊
司謄錄』 113, 영조 21년(1745) 3월 14일, 11권 430쪽 가~다.

116

는 경우가 너무 많습니다. 이로 인해서 부역을 면제받는 자가 있기도 하지만, 선심을 쓰거나 명예를 요구하는 결과를 면치 못하기도 합니다. 앞으로는 御使가 廉問할 때에 마땅히 따로 살피고 물어보도록 해야 합니다." 하니 왕이 이를 옳게 여겼다.23)

중앙정부는 수령들의 재해보고가 과다하다고 보았다. 실제보다 재해 상황을 과장해서 보고한다는 것이다. 그리고 수령들이 자신들의 공적을 쌓고 이름을 남기기 위해 종종 허위 보고를 한다고 판단했다.

사실, 중앙정부의 진휼정책이 수령들의 재해보고를 부추기는 면이 있었다. 중앙정부는 흉년에 지방관청이 스스로 진휼을 진행하도록 하고 있었다. 물론 국가의 진휼정책을 통괄하기 위해 진휼청이라는 기관이 있었다. 흉년과 관련된 사무를 담당하는 진휼청은 1621년(인조 4)에 창설되었다. 備局에서 관리하고 있던 救荒廳을 선혜청으로 이속하고, 기존의 상평청과 합설하여 8도의 모곡발매와 設饗 등의 일을 전관하게 하면서 진휼청이라 명칭을 붙였던 것이다.24) 그런데 진휼청은 원래 따로 세입이 없는 기관이었다.25) 따라서 진휼청이 진휼을 담당한 기관이기는 했지만, 매년 흉년이 생겼을 때 진휼청에서 진휼곡을 직접 관리하는 것이 아니라 각 관청과 지방이 필요한 곡식을 自辦해야 했던 것이다.

---

23) 『肅宗實錄』숙종 39년(1713) 4월 25일, 40책 494쪽, "領議政李濡曰 荒歲守令 報災太多 以此蠲役者有之 而亦不免施惠要譽之歸 前頭御史廉問時 宜另加 察問 上是之".
24) 『萬機要覽』財用編5, 荒政, 賑恤總論諸倉賞罰, 511쪽, "仁祖丙寅 以備局句 管救荒廳移屬於宣惠廳 與常平廳合設 專管八道耗穀發賣設粥等事 名曰賑 恤廳".
25) 『備邊司謄錄』47, 숙종 19년(1693) 7월 4일, 4권 530쪽 가~라, "禮曹判書柳 命賢所啓 賑廳元無歲入之捧 連値歉歲 各道災減之代 京外賙賑之資 全責 於賑廳 廳儲蕩竭 實無支保之勢".

이렇듯 흉년 때의 진휼곡 구비는 지방관청의 몫이었다. 다시 말해 지방관청이 평소에 진휼곡을 장만해 놓고 흉년이 되면 풀어서 진휼을 해야 했는데, 진휼곡 장만의 책임은 지방관청이었다. 巡營에 상의하거나 사사로 준비26)하도록 명시되어 있었던 것이다. 순영에 상의하는 경우 순영이나 중앙정부가 가지고 있는 곡물을 빌려 올 수 있었는데, 사사로 준비하는 경우는 중앙의 지원 없이 요령껏 미리미리 준비해 놓아야 했다.

지방관청이 진휼곡을 비축하는 방법에는 '힘이 자라는 대로'라는 모호한 원칙만 세워져 있었다. 그런데 새로 비축한 수효를 연말마다 중앙정부로 보고하도록 했으며 가장 우수한 수령에게는 상을 주고 전혀 비축을 하지 못한 수령에게는 벌을 주고 있었다.27) 즉 수령들이 別備穀을 얼마나 비축했냐는 논상의 대상이었다. 상을 받기 위해 그리고 벌을 받지 않기 위해 수령들은 별비곡을 마련해야 했다.

수령들이 별비곡을 마련할 수 있도록 도움을 주는 사람에게도 논상을 하였다. 사사로이 기민을 진휼하여 구제활동이 많은 자와 私穀을 내어 관의 진휼을 보조한 자는 그 다소에 따라서 차등이 있게 상을 주는데, 각도의 진휼곡을 자원하여 바친 사람 가운데 50석 이상은 錄啓하고, 50석 이하는 본도에서 시상하였다. 진휼곡 마련에 도움을 준 지역 유지에게도 상을 주는 제도를 마련함으로써 진휼곡을 확보하고 있었던 것이다.28)

---

26) 『居官要覽』, 恤民艱, "穀物拮据之道 則相議巡營 或私自辦備".

27) 『萬機要覽』 財用編5, 荒政, 賑恤總論諸倉賞罰, "各邑賑穀 每年隨力備儲 以新備數爻 每年終自監營報備局 最優者論賞 全不擧行者論罰 私貸用者 守令依公穀濫用律論 色吏杖配 托以備穀勸分民間者 嚴禁".

28) 『萬機要覽』 財用編5, 荒政, 賑恤總論諸倉賞罰, "私賑飢民濟活多者及出私穀補官賑者 隨其多少論償有差 各道賑穀願納人 五十石以上錄啓 五十石以下 自本道施賞".

별비곡 마련에 대한 논상제도는 수령들의 부정이 개입할 여지를 주었다. 진휼곡을 많이 확보할수록 수령의 업무를 잘 한 것으로 평가한 탓에, 수령들은 흉년이 아니더라도 흉년이라 보고한 후 급재를 받는 등 진휼곡의 수량을 억지로 늘렸고, 그 수량을 늘리지 못한 경우에는 수효를 조작해서 보고하기도 하였다.[29]

농본국가의 정부는 생산력의 최소단위인 농민의 유지를 가장 중요한 국가의 경제정책으로 여기기 마련이었다. 따라서 흉년에 농민구제는 정부의 필수 정책이었다. 그런데 중앙정부는 농민을 구제하는 진휼사업을 중요정책으로 구분하고 있기는 하였지만, 실상 그 정책의 주도권은 지방관청에게 넘기고 있었다. 그러면서 진휼곡 마련에 가시적인 효과를 낸 수령들에 대해 논상을 하였다. 일종의 탁상행정이었던 셈이다. 수령들은 중앙정부의 정책에 부응하기 위해 재해를 과다하게 보고하였고, 급재를 하더라도 그 實惠가 백성에게까지 미친 일이 드물다[30]는 말까지 나왔다. 중앙정부의 세수입이 위축된 것은 다시 말할 필요도 없었지만, 급재·진휼정책체계를 전면 수정하지 않는 이상 특별한 해결책이 없는 것이 현실이었다.

원칙대로라면 급재분은 다음해에 호조가 돌려받아야 했다. 급재는 완전한 탕감을 의미하는 것이 아니기 때문이다. 그런데 지방관청은 몇 해에 걸쳐 흉년을 핑계로 갚지 않고 있다가 시일이 지나면 탕감을 요구하는 일이 많았다.[31] 수령들이 흉년이라고 속여서 급재분을 탕감 받는 일에 대해 중앙정부가 우려하고 있을[32] 정도였다. 결국 급재분이 많은 것은 호조의 수입이 줄어듦을 의미했다.

29) 『萬機要覽』財用編5, 荒政, 賑恤總論諸倉賞罰.
30) 『備邊司謄錄』76, 경종 4년(1724) 9월 28일, 7권 558쪽 나.
31) 『備邊司謄錄』41, 숙종 13년(1687) 8월 13일, 4권 55쪽 나~라.
32) 『備邊司謄錄』52, 숙종 28년(1702) 8월 7일, 5권 60쪽 가.

급재를 탐탁하게 생각하지 않는 호조로서는 급재 대신 제시된 작전 상납에 대해 적극 찬성하였다. 흉년에 급재해 주기보다는 작전수세하는 것이 호조에게는 이득이었다. 작전수세는 급재를 견제할 수 있는 수세의 보완장치였던 것이다.

작전수세의 확대로 호조는 흉년에 농민들의 부담을 경감시켜 준다는 명목상의 목적과 급재를 줄인다는 실질 목적을 한꺼번에 잡으려했다. 지방관청들의 적극적인 작전수세 요청과 호조의 긍정적인 반응이 맞아 떨어진 덕분에, 18세기 전반에서 중반에 이르는 시기 동안 작전수세의 비율은 점차 높아졌다. 호조 수세의 고질적인 문제점이었던 급재 문제를 해결하고 동시에 돈을 비축할 수 있다는 점에서 작전수세는 호조가 선택할 만한 매력적인 수세제도였다.

2. 作錢收稅制의 변질과 지방관청의 이식사업

1) 지방관청의 作錢 주도

호조는 돈의 비축을 위해 작전수세에 긍정적으로 동의하였다. 이러한 작전수세는 앞 절에서 밝힌 바와 같이 지방관청들이 적극 요청한 것이었다. 지방관청은 작전수세에 대해 강한 의지를 보이고 있었다. 중앙정부가 곡물로 받으려 할 때도 지방관청은 돈으로 납부하겠다는 주장을 관철시킬 정도였다.

우의정 이유가 아뢰기를 "당초에 쌀을 작전한 뒤에 혹은 이미 내기도 하고 혹은 민간에 미수로 있기도 하는데 이제 와서는 백성의 소원에 따라 本米로 도로 받는 것이 마땅하나 수령이 돈으로 이미 받아 미처 상납하지 못한 것까지 싸잡아 쌀로 바치라고 할 수는 없겠습니

다." 하니, 임금이 그렇게 하라고 하였다.[33]

중앙정부는 지방관청이 쌀로 상납하기를 원했지만, 수령은 이미 돈으로 받아놓고 상납 못한 것이 있다는 구실을 대며 쌀이 아닌 돈으로 바치기를 원했다. 중앙정부는 지방관청의 의사를 무시할 수 없어서 돈으로 바치도록 했다.

지방관청들이 이렇게 작전수세에 적극적이었던 이유는 무엇이었을까. 위의 사례를 보면 농민들은 쌀로 납부하기를 원하지만 지방관청이 돈으로 내기를 바란다. 작전수세의 본래 의도는 농민들의 부담을 덜어주는 것인데 농민들이 원하지도 않는 작전수세를 지방관청이 강행하였다. 이와 같은 상황을 보면, 농민들을 위한 것이라는 표면적인 이유와 다르게 지방관청이 작전수세를 주장해야 하는 또 다른 이유가 있었을 것이라는 추측이 가능하다.

돈이 많이 유통될수록 관청들의 농간은 더욱 심해진다[34]는 점은 지방관청이 작전수세를 강행하려 했던 까닭을 풀 실마리를 던져준다. 지방관청은 작전을 통하여 이익을 얻을 수 있었던 것이다.

지방관청은 작전의 주체였다. 원래 작전의 취지대로라면 농민들에게 가격이 낮은 돈을 걷어 중앙으로 상납해야 했다. 그런데 지방관청들은 농민들에게 돈을 걷지 않았고 가격이 높은 곡물을 걷은 다음 그것을 돈으로 바꾸어 즉 작전하여 중앙에 상납하는 방식을 취하고 있었다. 작전하는 사이에 얻을 수 있는 차익은 당연히 지방관청의 몫이었다. 아래의 사례를 살펴보자.

---

33) 『備邊司謄錄』 55, 숙종 30년(1704) 10월 22일, 5권 391쪽 라~392쪽 가, "右議政李曰 當初許令以米作錢之後 或已上納或有未收於民間 則到今從民願 還捧本米宜矣 而守令旣捧其錢 未及上納者 則不可混同以米上納矣 上曰 依爲之".
34) 『備邊司謄錄』 165, 정조 6년(1782) 11월 6일, 16권 287쪽 다~289쪽 가.

간원(헌납 김회원이다)에서……또 아뢰기를, "면천군수 김이복은 오로지 불법스러운 짓만 일삼고 있는데……그리고 작년에는 흉황을 핑계하여 강제로 富民들의 곡식을 징수하는 등 침탈이 낭자하였으며, 금년 봄의 환곡은 후한 값으로 作錢하였고 허다하게 축이 난 斗數를 일일이 백성에게서 징수하였습니다. 전세를 裝載하여 운송한 뒤 京司에서 점퇴하였다고 핑계대고 강가에서 작전하면서 매 石 당 7, 8貫으로 발매하고서는 이에 매 석당의 값을 3貫錢으로 백성들에게 나누어 준 다음 가을에 備納하게 한 것처럼 하였습니다."[35]

우선 밝혀두자면, 헌납 김회원이 말한 이 이야기는 사적인 감정에 의한 무고로 결론이 났고 면천군수 김이복은 결국 벌을 받지 않는다. 이것이 무고였는지 아니었는지 이제 와서 밝혀낼 방법도 없으며 그럴 필요도 없을 것이다. 다만 김회원의 이야기는 작전상납을 통해 부를 축적한 당시의 관례를 고스란히 보여준다는 데에 의미가 있다.

이 사건을 분석해 보자. 면천군수 김이복은 환곡을 작전한다. 그리고 전세 또한 품질이 좋지 않아 점퇴[36]하였다는 핑계를 대고 작전을 하였다. 쌀의 품질은 나쁘지 않았던 듯하다. 팔 때 1석에 돈 7·8관을 받을 수 있었다. 하지만 이 쌀을 백성들에게 1석당 3석에 팔았다고 장부에 기록하였다. 흉년이 든 탓에 조세로 납부하지 못할 정도로 품질이 좋지 않은 쌀을 백성들에게 싼 값에 판매한 것처럼 장부를 조작하였던 것이다. 그리고 백성들은 쌀을 가을에 납부하였다고 기록하였다. 결국 면천군수는 전세를 작전한 후 진휼곡으로 나누어주었다가 돌려

---

35) 『英祖實錄』102, 영조 39년(1763) 12월 21일, 44집 154쪽, "諫院(獻納金會元)……又啓言 '沔川郡守金履復 專事不法……且於昨年 托以凶荒 勒徵富民之穀 侵漁狼藉 今年春還 以厚直作錢 許多斗縮 ——徵民 田稅裝載後 諉以京司點退 作錢江上 每石以七八貫發賣 乃以三貫錢分給民間 使之待秋備納'".
36) 點退 : 공물의 규격 검사에서 불합격되어 收納하지 않는 일.

받았다고 보고하는 동안 쌀 1석당 돈 4~5관을 빼돌릴 수 있었다. 쌀 값의 절반 이상을 착복하였던 것이다.

곡물만 있다면 이런 식으로 작전 과정을 통해 착복하는 것은 쉬운 일이었다. 위의 사례에서 보듯 지방관청은 농민들에게 거두어들인 곡 물 조세를 작전하는 과정을 통해 이득을 남길 수 있었다.

작전수세는 흉년에 값이 곡물에 비해 상대적으로 싼 돈을 수세함으 로써 농민들의 부담을 경감시키려 한 것임은 이미 여러 번 설명했다. 그런데 지방관청은 돈의 가격이 곡물보다 비쌀 때에도 농민들에게 돈 으로 수납하기를 고집하였다.[37] 작전수세로 농민들의 부담을 덜어 주 기보다는 덧붙이는 꼴이었다.

지방관청이 굳이 농민에게 비싼 돈으로 걷은 이유는 무엇일까. 그 돈으로 차익을 냈음을 추측하기 어렵지 않다. 이렇듯 지방관청은 작전 수세의 원래 취지와는 완전히 다르게 지방관청의 이익을 위해 작전수 세제를 이용하고 있었다.

지방관청이 곡물-화폐가격의 차이로 농간을 부린 일은 또 있었다. 관청이 보유한 곡물을 發賣할 때를 살펴보자. 흉년이라서 지역 내에 서 생산된 곡물이 현저히 모자랄 때 관청은 비축 곡물을 내놓아 돈으 로 바꾼다. 흉년 구제가 목적이기 때문에, 곡물을 시가만큼 또는 시가 보다 싸게 내놓아서 농민들에게 도움을 주어야 했다. 하지만 관청들은 오히려 시가보다 높은 가격으로 발매하는 것이 일반적이었다. 중앙정 부는 시가대로 발매하라는 지시를 자주 내렸다.[38] 하지만 이런 중앙정 부의 지시는 현실화되지 못했다. 관청이 곡물가를 높게 정하면 그 수 준에서 매매가가 정해지며 賤해지면 사고 貴해지면 파는 방식으로 관 청이 돈-곡물 매매 과정에서 이익을 남기는 것,[39] 그것은 지방관청이

37) 『備邊司謄錄』 96, 영조 10년(1734) 8월 23일, 9권 866쪽 다~868쪽 다.
38) 『備邊司謄錄』 175, 정조 13년(1789) 9월 23일, 17권 414쪽 나~라.

가진 권력이었다.

작전수세의 본래 취지대로 흉년에 농민들 스스로가 작전한 후 조세를 내도록 하더라도 농민들에게 도움이 되지 않기는 마찬가지였다. 원칙대로라면, 이런 상황에서 작전을 하는 농민들은 일정한 차액을 손에 쥘 수 있다. 그런데 원리처럼 일이 진행되지 않았던 까닭은 지방관청이 돈과 곡물의 가격을 통제하고 있었던 탓이었다.

관청에 돈으로 납세하기 위해 농민들은 곡물을 시장에 팔아 돈으로 바꾸어야 했다. 농민들은 그저 자신이 살고 있는 지역의 시장에 소량의 곡물을 내어놓았다. 그런데 이럴 때 농민들의 곡물과 교환을 할 돈을 가지고 있는 쪽은 관청이었다. 관청들은 작전수세 등의 이유로 돈을 비축해 놓고 있었다. 이때 관청들은 쌀값을 낮추어 부르는 식으로 농간을 부렸다.[40] 돈이 필요한 농민들은 낮은 가격에 쌀을 팔아야 했다. 좁은 지역 시장 내에서 지방관청은 곡물과 돈의 가격을 조정할 수 있는 힘을 가지고 있었다.

지방관청은 곡물과 돈을 이용하여 차익을 남겼다. 농민 개인에 비해 지방관청은 대량의 곡물과 돈을 가지고 있었기 때문에 지역 내 가격 조정을 주도하는 것이 가능했다. 지방관청은 수익사업에 작전수세를 효과적으로 이용했다.

2) 地方留置分의 감소와 鑄錢 요청

지방관청들은 곡물－화폐 매매로 차익을 남겼고, 중앙정부는 이 일을 알고 있었다. 하지만 중앙정부는 이러한 상황을 암묵적으로 용인하였다. 왜 그랬던 것일까. 중앙정부는 어떠한 근거로 지방정부가 차익

---

39) 『備邊司謄錄』 95, 영조 10년(1734) 4월 29일, 9권 788쪽 다～라.
40) 『備邊司謄錄』 163, 정조 5년(1781) 12월 16일, 15권 96쪽 라～97쪽 나.

을 남기는 것에 동의했을까. 중앙정부가 지방관청을 제재할 만한 방법을 개발하기 쉽지 않았던 것도 사실이었지만, 작전수세는 당시의 지방 재정 상황을 고려한 타협이었다.

이 시기 지방관청은 활용할 수 있는 재정원의 위축을 겪고 있었으며 이에 대한 대책이 필요했다. 지방관청 재정원의 위축은 조선후기 중앙정부가 조세제도를 바꾸면서 중앙상납분 증가－지방유치분 감소 정책을 고수했던 탓이었다. 균역법 실시 이후 감필로 인해 재정결손이 생겼는데, 이 부분은 지방재정을 위축시키면서 보충되었으며[41] 대동법이 시행된 후에는 중앙상납분이 계속 늘어나고 반대로 지방유치분이 감소하였다.[42]

지방유치분이란 말 그대로 지방에 유치해 놓은 재정원이다. 대동법 실시 후 공물을 현물로 받지 않고 쌀과 포로 받았는데, 수납한 대동미와 대동포 중 중앙으로 상납하고 난 뒤 일부를 지방에 그대로 유치해 두었다. 지방유치분은 지방관청의 재정으로 삼기 위해 남겨 놓은 것이 아니었다. 지방유치분은 국가의 正供으로서 절대 보유되어야 하는 것이었으며, 지방관이 마음대로 사용할 수 없었다. 즉 저치미는 지방관청의 창고에 일단 보유해 둔 것이지만 지방관청에서 마음대로 사용할 수 있는 것이 아니었고, 전쟁이나 흉년 등 긴급 시에 중앙정부의 허락 하에 사용하도록 되어 있었다.[43]

다만 중국 사신이 방문했을 때 드는 支供米는 僻地의 고을에 한하여 저치미를 사용할 수 있었다. 하지만 그 이외에는 그래도 사용을 한

41) 정연식, 「均役法 施行 이후의 지방재정의 변화」, 『震檀學報』 67, 1989.6.
42) 安達義博, 「十八～十九世紀前半の大同米・木・布・錢の徵收・支出と國家 財政」, 『朝鮮史硏究會論文集』 第13集, 1976.3.
43) 『居官大要』, 公穀 謹守, "大同儲置卽 國家正供之載留者也 還上各穀卽 軍 國兵荒之所需".

경우에는 엄격한 처벌을 하도록 규정해 두었다. 부역에 저치미를 남용한 경우는 장률로써 논하였다. 그리고 下三南(충청·전라·경상도) 및 경기는 대동저치미를 50석 이상 제 마음대로 대출을 한 수령은 구속·심문을 하여 定配하고, 10석 이상은 구속·심문을 하여 처벌하였다. 또 이를 나누어 준 것과 아직 회수하지 못한 것이 5백 석 이상이면 수령을 파직하고, 10석 이상은 장형을 집행하도록 의금부로 하여금 거행하게 하였다. 10석 이하는 제 마음대로 대출하였거나, 나누어주었거나, 아직 회수하지 못한 것을 막론하고 모두 불문에 부쳤다. 그리고 천 석 이상을 회수하지 못한 경우는 구속·심문을 하여 처벌하였다.[44]

중앙정부는 지방관청이 지방유치분을 임의로 사용하지 않도록 신신당부를 하고 있었고, 사용했을 경우 수령을 처벌하는 규정을 세세하게 정해 놓았다.

하지만 지방유치분에 대한 규정이란 애매한 것이기도 했다. 흉년이나 전쟁 등 국가긴급사태에는 지방유치분을 사용할 수 있도록 하고 있었기 때문에, 지방관청에서는 매년 흉년 등의 이유로 지방유치분을 사용하고 있었다.

좌의정(睦來善)이 아뢰기를, "초봄에 임금께서 江都와 남한산성의 군향미가 전보다 크게 준 것을 깊이 염려하셨기 때문에 신이 선혜청의 당상과 상의 변통하여 兩湖의 저치미 5만 석을 때에 맞추어 실어오되 3만 석은 강도에 보내주고 2만 석은 남한에 보내주어 불의의 사태에 대비하기로 탑전에서 의결하여 해청에 분부하였었습니다. 그런데 지금 들으니 남한산성에 들여놓을 2만 석 내에서 호서의 1만 석은 이미 전량 납입되었으나 호남의 1만 석 중에서 나주·전주·영암·정읍·장성 등 5읍은 준납하지 않은 쌀이 자그마치 2천 4백 14석에 이

---

44)『百憲總要』1, 儲置米.

른다고 합니다. 이는 각 읍에 비축해 둔 쌀이지 민간에서 졸지에 거두
어들일 곡식이 아닌데 금년 정월에 통보한 이후로 봄과 여름이 지나
고 가을이 되었는데도 끝내 올려 보내지 않으니 지극히 해괴한 일입
니다."45)

이 사례를 보면 군자곡의 손실을 메우고자 호서와 호남의 저치미를
가져오라고 하였는데 호남에서 납부해야 하는 지방유치미 중 준납하
지 않은 쌀이 2천 4백 14석에 이르렀다. 지방유치미는 각 읍에 비축해
둔 쌀이기 때문에 올려 보내라는 통보를 받으면 바로 올려 보낼 수 있
다. 그런데 정월에 지시가 떨어졌는데도 그 해 11월이 되도록 상납하
지 않고 있었다.

상부의 지시를 어기면서까지 지방유치분을 상납하지 않았던 점은
지방관청에서 지방유치분을 정석대로 보관하지 않고 있었다는 사실을
미루어 짐작하게 한다. 지방관청에서 관리하고 있었기 때문에 지방유
치분은 지방관청의 자의적인 사용에서 벗어나기 힘들었으며, 이미 지
방관청의 재정으로 인식되고 있었다. 즉 지방유치분은 지방관청의 재
정으로 편입되어 운용되고 있었다.

그런데 조선후기 중앙정부의 조세정책 개변에 따라 지방유치분이
줄어들자 지방관청은 재정운영상 타격을 받았다. 대체할 만한 재정원
이 필요했던 것이다.

---

45) 『備邊司謄錄』44, 숙종 16년(1690) 11월 23일, 4권 338쪽, "左議政所啓 春初
  自上 深慮江都南漢軍餉之數 比前大損 故臣與宣惠廳堂上 相議變通 以兩
  湖儲置米五萬石 及時運來 三萬石則輸入於江都 二萬石則輸入於南漢 以備
  陰雨之意 定奪於榻前 分付該廳矣 今聞南漢所納二萬石內 湖西一萬石 則
  已爲准納 湖南一萬石內 羅州全州靈巖井邑長城等五邑 未准之米 多至二千
  四百十四石零云 此乃各邑儲置之米 不是民間猝徵之穀 而今正行會之後 過
  了春夏 至於入秋 終不上送 事極可駭".

지방관청이 고안한 대책 중에는 주전이 있었다. 지방관청들은 여러 가지 이유를 들어 자체 주전을 허락받으려 하였다. 흉년이 되어서 상납할 조세가 모자라니 주전을 하여 조세에 충당하겠다고 했고,[46] 흉년이어서 진휼할 곡식의 밑천조차 없으니 동전을 주조하여 진휼하도록 허락해 달라고도 했다.[47] 또한 비축하고 있던 지방관청의 재정으로 진휼을 해버렸기 때문에 재정부족에 시달리고 있다고 피력하면서 주전을 원하기도 하였다. 진휼로 비용손실이 커서 외교업무 수행비용이 모자란다거나 진휼로 인해 발생한 추가 공공비용 등을 보충해야 하므로 주전하겠다는 말이다.[48] 동전유통이 비교적 활발해지고 그 가치가 안정되는 18세기 전반을 지나면서 지방관청들의 주전요청은 끊이지 않았다. 관서나 영호남 이외에 제주도 등지도 주전을 원했다.[49]

지방관청의 주전 요청은 대부분 흉년-진휼에 필요한 비용과 발생한 관청의 추가경비를 보충할 수 있게 해달라는 차원에서 표명된 것이었다. 다시 말해, 재해에서 농민들을 구제하겠다는 대의와 그 때문에 손실을 본 지방관청 재정을 보충하겠다는 소의를 모두 이루겠다는 것이 주전의 목적이다.

그런데 주전의 결과는 지방관청이 표명한 의도와는 달랐다. 주전으로 지방관청의 재정을 보완할 수는 있었지만 농민들은 오히려 경제적 어려움에 처할 가능성이 많았다. 흉년의 주전은 곡물의 물가를 더 상승시키는 경향이 있었다.

흉년에는 쌀값이 치솟았다. 원래 곡창지대가 아닌 咸興의 경우, 흉년에 쌀 1석의 값이 36냥이나 되기도 했다.[50] 평소 곡창지대에서 쌀 1

---

46) 『備邊司謄錄』 49, 숙종 21년(1695) 12월 4일, 4권 747쪽 다~748쪽 가.
47) 『備邊司謄錄』 78, 영조 1년(1725) 8월 8일, 7권 727쪽 가.
48) 『備邊司謄錄』 49, 숙종 21년(1695) 11월 21일, 4권 740쪽 나.
49) 『備邊司謄錄』 72, 숙종 45년(1719) 6월 8일, 7권 156쪽 나~다.

석은 2~3냥의 가격이라는 점과 비교하면 십여 배 정도의 가격이다. 이처럼 흉년에는 쌀값이 오른 반면 돈의 가치는 상대적으로 떨어졌다.

　　대사간 이광세가 상소를 올려 말하길, "……지금 급히 힘써 반드시 (백성을) 다스려서 안집하는 것을 우선으로 해야 합니다. 무릇 백성의 뜻을 어기는 정치에 얽매이는 것은 일체 해서는 안 됩니다. 근래에 주전하라는 명령이 있었을 때 신은 할 때가 아니라고 말했습니다. 여태까지 조정은 쌀이 천하고 돈이 귀할 것을 우려했습니다만, 지금은 돈이 천하고 쌀이 귀합니다. 최근 시장에는 쌀값을 교활하게 조작하여 말업을 하는 백성들은 날마다 돈으로 이식을 하는 자입니다. 예전에 십전이면 넉넉했는데 지금은 3배로도 부족한데 한번 주전하라고 한 후에는 쌀 상인들이 (쌀을) 쌓아놓는 자들은 돈이 장차 천해질 것이라 하면서 저장해 놓은 쌀을 내어놓지 않습니다. 그래서 돈을 가지고 와서 시장에 내어놓아도 쌀이 없어 바꿀 수 없게 되어 가난한 백성은 허둥거리니 살기가 위태롭고 절박한 일이 눈앞의 큰 우환입니다. 이 뿐만이 아니라, 반드시 간사한 무뢰배들이 몰래 재산을 불릴 마음을 가지고 감히 몰래 주전할 모략을 내어 여항의 그릇들을 몰래 훔칠 것이니 예전부터 그러했듯이 원망이 이미 많아 폐해가 무궁합니다. 서울이 이와 같으니 외방도 (어떠할지) 알기 어렵지 않습니다. 대저 나라가 있으면 화폐가 있고 우리나라의 전화 사용은 이미 오래되었는데 동쪽의 땅을 둘러 돈이 돌지 않는 곳이 없고 부민이 저축한 것이 그 수를 셀 수 없는데도 조정이 명령해서 거두어 들이는 것은 매년 예에 따르는 까닭에 유행할 때 보기가 자못 귀해서 파하지 않으면 주전하는 정사가 진실로 마땅합니다. 이는 전하께서 내탕의 것을 다 비운 후에 주전

---

50) 『正祖實錄』 16, 정조 7년(1783) 10월 20일, 45집 400쪽, "召見咸鏡道觀察使李命植監賑御史李在學 命植啓言 咸興米直一石 至於三十六兩之多云 如此災年 若無別般經紀 萬無全活之望 毋論軍餉交濟倉及某樣穀 以穀爲名之在北者 勢將一竝取用 從之".

을 행할 것을 결심한 까닭입니다. 그러나 지금 큰 흉년을 맞아 가난한 백성들의 폐해로 미치니 효과를 보기도 전에 폐해가 먼저 따를 것입니다. 신은 내리신 명령을 잠시 정지하십사 말씀드리니 내년을 기다려 그 풍흉 정도를 봐서 거행하는 것이 아마 일이 마땅할 듯합니다. 엎드려 원컨대 조정에 말씀하셔서 살펴 처리하시기 바랍니다." 했다.[51]

흉년에 주전을 하면 쌀을 대량으로 비축한 부농들은 쌀을 저장한 채 내어놓으려 하지 않는다. 돈을 계속 만들어내면 그 가격이 더 떨어질 것은 충분히 예상할 수 있는 일이었다. 쌀을 판 후 돈의 가치가 더 떨어지면 손해라는 생각이었다. 쌀이 시장으로 나오지 않으니 쌀값은 더 올라가고 돈의 가격은 계속 떨어지는 양상이 펼쳐진다. 이렇게 되면 돈이 많이 유통된다 한들 허기진 농민들에게는 악영향만 끼치는 것이다.

지방관청의 주전이 재해에 처한 농민들을 위한 사업이 아니라는 점에 대해서는 중앙정부도 예측할 만했다. 게다가 중앙정부는 주전 담당 기관이 분산되는 데에 부담을 느끼고 있었다. 그래서 지방관청의 자체 주전을 가능한 억제하려고 하였다.[52] 하지만 쉽지 않았다.

---

51) 『備邊司謄錄』 90, 영조 7년(1731) 10월 17일, 9권 144쪽 가~라, "大司諫李匡世上疏云云……今日急務 必以鎭撫安集爲先 凡係哺民之政 一切不可以行 傾此籌錢之令 臣則以爲非其時也 向來廟堂 以米賤而錢貴爲憂 今則錢賤而米貴矣 近日街市之上 米直刁蹬 末業之民 日以錢爲食者 昔之十錢而有裕 今則三倍而不足 而一自籌錢令下之後 米商之積峙者 謂錢將賤 藏米不出 以致持錢出市 無米可貿 貧民遑遑 生理殆窮 政爲目前之大患 不但此也 必有奸細無賴之輩 潛懷財利之心 敢生盜籌之謀 閭巷間器皿偸竊 自昔而然 怨詛旣多 弊害無窮 都下如此 外方不難知也 大抵有國則有貨 我國家錢貨之用 旣多年所 環東之土 無處不行 富民藏積 其數無算 朝令收納 每年成例 故流行之際 視昔頗貴 不罷則籌其政固當 此殿下所以決意行籌於傾帑之後也 然而方當大無之年 及爲貧民之弊 效未及見 害先隨之 臣謂姑寢成命 以待來年 現其豊凶而擧行 恐合事宜 伏願更詢廟堂而審處焉……".

지방관청이 작전수세에 적극적이었던 것은 이 때문이었다. 지방유치분의 감소로 활용할 수 있는 재정 폭이 줄어든 상태에서 무한대로 주전을 요청할 수도 없는 형편이었고, 이익을 남기기에 작전수세만한 것이 없었다. 작전수세가 농민보다 지방관청을 위한 것이라는 사실쯤은 중앙정부나 지방관청 모두 알고 있었지만 지방관청의 재정상황을 고려한 타협이라는 포석을 두는 셈이었다. 작전수세책의 명분은 흉년의 농민 구제였지만, 사실 이것은 중앙정부와 지방관청의 재정운영에 대한 절충안이었다.

3) 지역 간 곡물 거래의 확대

작전수세를 기반으로 한 지방관청의 곡물-돈 매매는 지역의 범위를 벗어나 지역-지역 간으로 확장하였다.

집의 송징은이 논핵하기를, "전 곡산부사 조세웅은 작년 田三稅의 作錢을 서울에 사는 사람 이성번을 시켜 방납하게 한 다음 그 나머지를 가져다 사사로이 田庄을 샀습니다. 형조에서 방금 추핵하고 있으나, 한결같이 견강부회하여 맞추기에만 힘쓰고 있으니, 너무 소홀하고 태만합니다. 해당 당상과 낭청을 모두 종중 추고하소서." 하니, 임금이 그대로 따랐다.[53]

이 사례를 살펴보자. 곡산부사 조세웅은 서울 사람인 이성번을 통해 조세를 작전하였으며, 작전한 돈을 이성번의 책임 하에 호조로 상

---

52) 『備邊司謄錄』 55, 숙종 30년(1704) 10월 22일, 5권 388쪽.
53) 『肅宗實錄』 34, 숙종 26년(1700) 6월25일, 39집 567쪽, "執義宋徵殷論 谷山前府使趙世雄 上年田三稅作錢 使京居人李盛蕃防納 取其剩餘 私買田庄 刑曹方有推覈之擧 而一向遷就 殊涉疎 請當該堂郎 竝從重推考 上從之".

납하였다. 그리고 작전을 통해 남긴 차액으로는 땅을 샀다.

조세웅은 전세 납부 시 호조에 작전상납을 요청하였는데, 농민들에게 직접 돈을 수세한 것이 아니라 일단 곡식으로 걷은 다음 이 곡식을 서울로 가지고 가서 작전하였던 것이다. 그런데 그는 호조에 조세를 돈으로 납부하고도 일부 금액을 착복하였다.

조세웅의 공금 착복은 곡물의 시세 차이를 이용한 것이다. 서울지역은 다른 지방에 비해 곡물유통이 활발한 편이었다. 하지만, 그 공급은 적었다. 따라서 곡산부 내보다 서울지역의 쌀 가격은 높았던 것으로 추측된다. 곡산부사 조세웅은 곡산에서 거둔 쌀을 서울로 보내어 돈으로 바꾸었고 중앙정부에는 내야 하는 액수만큼의 돈을 모두 내면서도 차액을 남길 수 있었다.

수령들은 더욱 적극적으로 작전을 시도하였다. 수령들은 직접 서울로 올라와서 상평청과 진휼청 비축곡의 耗穀을 싼 값에 사들이기도 했다.

> (영의정 李光佐가)……또 아뢰기를, "……상평청과 진휼청의 모곡은 달리 쓰일 데가 없어 해마다 점점 많아지고 있습니다. 그런데 근년에 와서 각도의 수령이 직접 서울에 올라와 갖가지로 청탁하여 이들 청에서 값을 감하여 발매하는 경우가 극히 많고, 겉보리는 비록 천한 곡물이라 하나 7~8천 석을 사들인 일까지 있는데 賑資에 보탠다고는 하나 태반이 私事 용도로 쓰입니다. 이로 말미암아 상평청과 진휼청의 곡물이 점점 크게 줄게 되니 이 점은 참으로 한심스럽습니다. 앞으로는 상평청과 진휼청의 모곡을 당상이 사사로이 각 읍 및 私人에게 발매하는 경우 엄중 금단하여 이를 범한 자를 묘당에서 알게 되면 당해 당상을 특별히 처단하되 단연코 용서하지 않을 것을 규례로 정하여 시행하는 것이 어떻겠습니까?" 하니 임금이 그러라고 하였다.[54)]

132

수령들은 겉보리를 7~8천 석까지 사들인 일도 있었다. 그런데 진휼에 쓰겠다며 사들인 곡식을 진휼에는 쓰지 않고 대부분 개인적인 용도로 쓰고 있었다. 개인적인 용도란 각 읍과 개인에게 되파는 일이었다. 서울에 와서 싼 값에 샀기 때문에 각 지방에 그것을 다시 팔면 그만큼 이익을 볼 수 있기 때문이었다. 수령은 이렇게 곡물 장사를 본격화하였다.

수령들은 심지어 移轉穀[55]도 개인적으로 사용하였다. 이전곡이란 수령이 진휼을 이유로 중앙국가기관과 군문 그리고 타 지역에서 빌려온 곡물을 말한다. 그런데 진휼을 해야 한다며 빌렸던 이전곡을 진휼에는 쓰지 않고 사적으로 쓰는 바람에, 중앙정부는 어사가 수령의 행태를 상세히 살펴야 한다고 강조하였다.[56] 작전을 해서 생긴 이득은 지방관청의 자금으로 쓰이기도 했지만 수령 개인의 주머니로 들어간 경우가 더 많았던 듯하다.

쌀의 비축이 많을수록 쌀 매매가 더 활발했기 때문에 곡창지대인 남도의 수령들이 모리를 일삼는 일이 많은 것은 당연했다.[57] 호서와 호남에서 더욱 심하고 경기도에서도 문제가 되었다.[58] 지역마다 쌀 매

54)『備邊司謄錄』82, 영조 3년(1727) 12월 26일, 8권 229쪽 라~230쪽 가, "又所啓……常平廳賑恤廳耗穀 無他用處 積年漸多矣 近年來各道守令 親自上京 多般 請囑自該廳減價發賣者 前後極多 而皮牟雖曰賤穀 至有七八千石買得之事 稱以補賑 而太半私用職 以而常倉賑廳之穀 漸至大縮 此誠寒心矣 此後則常平倉賑恤廳耗穀 堂上私自發賣於各邑及私人者 痛加禁斷 犯者自廟堂聞見 當該堂上別樣論斷 斷不饒貸事 定式施行何如 上曰依爲之".
55) 移轉穀 : 수령이 진휼을 이유로 중앙국가기관과 군문 그리고 타 지역에서 빌려온 곡물. [용례] "南漢移轉, 因守臣筵白, 有待秋還納本城之令"(『英祖實錄』87, 영조 32년(1756) 3월 17일).
56)『備邊司謄錄』110, 영조 18년(1742) 1월 27일, 11권 231쪽 라~232쪽 가.
57)『備邊司謄錄』82, 영조 3년(1727) 11월 17일, 8권 191쪽 다.
58)『增補文獻備考』149, 田賦考9 租稅2.

매가가 다른 것은 중앙정부도 심각한 문제로 인식하고 있었는데,[59] 이
는 수령이 이식사업하기에 좋은 조건이었다.

지방관청이 작전수세로 이득을 남기는 문제는 중앙정부가 일일이
감시할 수도 없는 노릇이었기에 정부도 모른 체하고 있었다. 하지만
곡물-화폐 매매를 위해 지역 단위로 곡물과 화폐를 옮기는 것은 대
규모 거래였고 암암리에 진행될 수 있는 것이 아니었다. 아무리 중앙
정부가 암묵적으로 인정한다 해도, 시세차익이 공식적으로 승인되지
않은 터에 크게 문제시될 수 있었다. 그런데도 이러한 거래가 버젓이
이루어질 수 있었던 것은 어째서일까. 해답은 호조의 移貿정책이었다.

이무란 호조의 전세를 급재해 주면서 한 지역에서 다른 지역으로
전세를 옮겨서 진휼곡을 쓸 수 있도록 해 주는 제도이다.[60] 수령들이
다른 지역과 곡물-화폐를 교환하면서 제재를 받지 않은 것은 비교적
풍작인 지역의 곡물을 그렇지 않는 지역으로 옮겨 보내는 진휼 형태
인 이무가 정착되어 있기 때문이었다.

남도는 곡창지대였다. 그런데 북도에서 흉년이 될 때마다 남도의
곡물을 실어다가 진휼하는 경우가 잦았다. 문제는 남도가 비록 곡창지
대이긴 하지만 흉년을 맞아 대책이 없음에도 북도로 곡물을 나르는
일이 계속되었던 것이었다. '영남의 곡물을 북도로 실어가는 것은 제
살을 베어서 제 배에 채우는 것과 다름없다'는 등 남도에서 북도로 쌀
을 보내는 것의 부당함에 대한 지적은 나온 지 오래였다.[61] 상식적으

---

59) 『備邊司謄錄』 98, 영조 11년(1735) 10월 12일, 10권 103쪽 나~라.

60) 梁晋碩, 『17,18세기 還穀制度의 운영과 機能변화』, 서울대학교 박사학위논
    문, 1999.

61) 『備邊司謄錄』 49, 숙종 21년(1695) 11월 21일, 4권 740쪽 나, "領議政南所啓
    嶺南穀移運北路事 本無異於割肉充腹 自初非不知如此 而無他長計 欲望朝
    家 斟量善處 曾以兩下之說 仰達矣 卽聞群議 多有異同云 蓋明春飢餓之時
    嶺南之民 難保其得免於死亡 雖不北運 其勢亦然 而旣送北運後 若有死亡

로 따져 볼 때, 진휼을 위해서라면 영남의 곡물을 북도로 보내지 말아야 했다. 하지만 이무는 진행되었다. 원래 허락했던 곡물에 비해 수량을 줄이더라도 북도로 곡물 이동을 강행하는 식이었다.[62]

이렇듯 정부는 흉년의 지역 간 대규모 곡물이동을 승인하고 있었다. 진휼정책의 일환으로 이무가 정당화되고 있었으므로, 지방수령들이 타 지역으로 곡물을 이동시키는 것 또한 같은 유형의 사업으로 무마될 수 있었다.

지방관청들의 이식사업이 확대되고 대규모화하였다. 지방수령들은 지역 내에서 곡물을 작전하는 수준에서 벗어나 시세가 다른 지역으로 옮겨서 파는 일은 다반사였다. 이런 과정에서 생긴 이득은 수령의 개인주머니로 들어가는 일이 비일비재했다. 작전수세의 부작용은 이렇듯 확장되었다.

者 則將必以北運爲咎 而爲怨 誠甚可慮矣 雖然 北人之顒望方切 運穀之擧 終不可中寢".

62) 『備邊司謄錄』 49, 숙종 21년(1695년) 11월 5일, 4권 734쪽 다~735쪽 나, "領議政南所啓 北路失稔 前已備知 而以新監司狀啓及北評事閔鎭厚上疏 觀之 可想民事之罔極 不可無別樣極濟之道 而實無他策 唯有運給嶺南穀一事 而 嶺南飢荒 似不下於北道 修撰閔震炯 又以目見之狀 陳疏 似無移給他道之 餘力矣 雖然 北路各邑 列置於嶺海間 更無傍近隣官 官員及民人 尤無轉動 推移之道 量此形勢 則不可與嶺南 同日而語矣 今朝家 若詳量彼此形勢 雖 知嶺南之民 因此運穀 有不得濟活者 不可使北民 盡爲塡壑云 則當此還上 未及畢捧之時 急送京官于嶺南 使之督促運北之穀 置之海邊後 趁歲前 報 知朝廷 始可分付北道 使之送船輸去 僅可及於三四五月之間 如以爲彼此災 荒一樣 不可奪彼與此云 則卽以停運事 分付於兩道 使北民 絶其懸望 使南 民 安於自救 似可 敢此仰稟 上曰 北路與他道有異 必有各別賙賑之道然後 可以保存矣 三萬石雖難盡送 以二萬五千石爲定 而發送 京官督運 俾無後 時之弊 可也".

3. 給災 축소의 필요와 호조의 收稅 대책

1) 給災 축소의 필요

시세차익을 이용한 지방관청의 이식사업은 점차 대규모화하였다. 지방관청들이 이를 통해 이익을 얻는 방법에 익숙해졌는데, 이러한 지방관청의 이식사업으로 중앙정부의 조세수납에 차질이 빚어지고 있었다.

수령들은 곡물로 조세를 받은 후 그것을 팔아 작전해서 이익을 취했으면서도 흉년이라서 조세를 받지 않았다고 하면서 중앙정부로 상납하지 않는 경우도 있었다.[63] 조세를 미룰 필요가 없는데도 수령들은 작전 과정의 이득을 얻기 위해 중앙으로 조세를 상납하지 않은 것이다. 이렇듯 지방관청들은 흉년에 진휼을 해야 한다면서 중앙정부에는 급재를 허락받고 농민들에게는 수세를 한 후 수세한 곡물로 작전하여 차익을 남겼다.

예전부터 지방관청은 농민들에게는 수세를 했음에도 진휼을 이유로 조세를 중앙으로 상납하지 않고 종종 지방에 그대로 유치했다.[64]

---

63)『備邊司謄錄』130, 영조 32년(1756) 4월 14일, 12권 794쪽 다~라.
64)『承政院日記』574, 영조 즉위년(1724) 9월 26일, "(藥房都提調 李)光佐又所啓 致仕首揆 以畿民給災事 陳達蒙允矣 然而朝家給災 實惠之能及民者鮮矣 近來守令 多不擇人 其中不肖者 則得災後 或自官廳捧用 或送雇馬廳 或 至於分給鄕所輩 亦或以解由債給吏房 爲守令所乾沒者 已如此 而又爲都書 員書員輩 所恣意偸食 至於及民者 實爲些少 念之痛心 昨年以玉堂出入人 擇送敬差官 給災比前頗精云 而春來聞之 守令中如此者非一 尤極駭然 今 宜另飭監司都事敬差官 使之別樣嚴飭 所給之災 俾得及民 必爲實惠 而無 一毫中間乾沒之弊 上年守令中 得災結不盡給民 而用於他處者 聞見摘發 嚴覈啓聞 以一勵百 何如 上曰 依爲之 至於京畿給災事 首揆以元老陳請 事 體自別 頃已分付廟堂 酌量結之 可也 光佐曰 京畿監司 方以請得災結事狀 聞矣 回啓時 當酌量 稟處矣 上曰 依爲之".

이렇게 해서 생긴 급재분이 진휼이 아닌 다른 목적으로 사용된 경우
가 여러 차례 적발되었다. 지적된 바로는, 관청에서 써버린다던가 雇
馬廳[65]으로 보내기도 했고 鄕所의 무리들에게 나누어주거나 解由의
빚으로 吏房에게 주기도 했다. 이렇듯 중앙정부로 상납해야 할 조세
중 일부를 지방관청이 필요에 의해 중간에서 가로채기도 했는데, 작전
과정을 통해 차익을 남길 수 있게 되자 지방관청은 이식사업에 급재
분을 투자하였다.

지방관청들의 이러한 작전과 이식은 연분사목 작성 후 추가급재 지
역으로 판결난 곳에서 더욱 두드러지는 경향이 있었다. 왜냐하면 연분
사목 작성 후 지방관청들은 흉년이라서 조세를 걷기 힘들다며 급재를
해달라고 말은 했지만, 대부분의 경우 이미 농민들에게 조세를 걷어
놓은 상태인 경우가 더 많았기 때문이었다. 중앙에는 급재신청을 받고
농민들에게는 조세를 받았기 때문에 당연히 지방관청의 창고에 곡물
을 비축해 놓을 수 있었고 이 곡물을 이용해서 작전의 이득을 보았던
것이다.

侍讀官 林象德이 아뢰기를, "……금년에는 조정에서 급재하지 않기
로 하였다 하고 전부를 실결로 잡아넣었다가 정작 들판에 비어버린
뒤에 조정에서 비로소 급재하기로 한다면 간평할 때 잡히지 않은 재
를 백성들에게 되돌려 줄 리는 만무하고 한갓 이서배의 개인 주머니
로 들어가게 될 뿐일 것입니다.……災의 分數가 너무 높으면 실지 혜
택은 별로 백성에게 미치는 것이 없이 한갓 조정에 손실만 끼치게 되
는데 이는 외방의 폐단이 거의 그렇습니다."[66]

---

65) 민간에서 고용한 말을 관리하는 관청.
66) 『備邊司謄錄』 63, 숙종 37년(1711) 9월 5일, 6권 266쪽 다~267쪽 라, "侍讀官
林象德曰……今年朝家不許給災 皆攬入於實結 及其田場已空之後 朝家始
許給災 則看野時不執之災 決無更給愚民之理 徒歸於吏輩囊橐……災名過

수령은 조정에서 급재를 해 주지 않는다고 말하며 조세를 이미 걷은 상태인데, 이렇게 걷은 이후에 급재를 요청해서 급재를 허락받아도 이미 받은 조세를 농민들에게 돌려주지는 않게 되는 것이다. 즉 연분사목을 결정한 후의 급재는 농민들을 위한 것이 아닌 경우가 대부분이었다.

따라서 수령들이 조세 납부를 정지하고 또 중앙정부기관 등에서 곡물까지 빌려가며 진휼을 하는 일을 농민들은 반갑지 않은 일로 여기고 있었다.[67] 하지만 한번 급재를 해 주면 다음해에 풍작이더라도 쉽게 급재를 요청하고 또 그 요청을 허락해 줄 수 있었기 때문에 수령들은 뒤늦은 요청을 통해서라도 급재를 받으려 했다. 이런 방식으로 실결인데도 급재해 주는 땅이 많아졌다.[68]

수령들이 매해 흉년임을 강조하며 진휼에 힘쓰기 위해 조세를 면제받고 곡물을 대규모로 빌려 가는데도 이와 관계없이 기민은 늘어만 갔는데[69] 수령들의 이런 행위들로 볼 때 당연한 결과였다.

호조는 돈을 비축하는 한편, 호조의 재정 수입을 축소시키는 원인이 되던 급재를 줄이는 방편으로 작전수세에 적극 동의하였다. 그런데 작전수세를 통해 지방관청들은 이식사업이 가능했으므로 조세로 상납할 곡물을 중앙정부로부터 급재 받아 이를 資源으로 작전하고자 시도하는 바람에 오히려 호조의 전세 수입은 타격을 받았다. 다시 말해, 호조는 급재에 대한 해결책으로 작전수세를 실시한 것이었는데, 작전수세 때문에 오히려 급재 문제가 더욱 복잡해지고 커지는 난국에 봉

高 則別無實惠之及民 而徒爲朝家之所失 此則外方之弊 誠然矣".
67) 『備邊司謄錄』118, 영조 23년(1747) 10월 28일, 11권 812쪽 가~다.
68) 『備邊司謄錄』63, 숙종 37년(1711) 10월 3일, 6권 285쪽 다.
69) 『承政院日記』942, 영조 18년(1742) 3월 16일, "兪健基 以備邊司言啓曰 近日 賑廳諸道流民飢口 日漸增加 殆至七八千 彌滿城內外 死亡相續 癘氣又從 而熾發 不但目下見聞之慘惻 來頭之憂 有不可勝言……".

착하였다.

지방관청의 이식사업이 물가를 이용한 것이었으므로, 중앙정부는 常平을 함으로써 돈 가치의 상승과 하락을 조절해야 함을 논의하였다.70) 하지만 지방관청들이 대량의 곡물과 돈을 이용해 이식사업을 확대함에 따라 중앙정부가 통제할 역량에서 벗어났다.

물가를 잡을 수 없다면 호조가 할 수 있는 일은 지방관청이 작전의 밑천으로 삼을 수 있는 대량의 곡물을 공급 받지 못하도록 하는 것, 즉 지방관청이 작전의 자원을 가지지 못하게 하는 방법이었다. 흉년과 상관없는 급재를 줄여야 했다.

만연하던 곡물-화폐의 이식 사업을 저지하기 위해서는 급재과정의 비리를 막는 것이 급선무였다. 재해보고에 거짓이 없고 급재분과 진휼할 수량이 정확히 판단되면 지방관청들이 곡물-화폐 이식 사업을 대규모로 펼치기는 힘들기 마련이다.

지방관청의 재해보고 업무는 실무적인 최종단계가 수령에게 달려 있었다. 수령의 책임 하에 연분사목을 작성해서 관할 관찰사에게 보고하고 이것이 중앙정부로 보고되었다. 급재의 수량을 정하는 연분사목을 작성할 때는 수령이 몸소 실지를 조사하여 재실의 상황을 감사에게 보고하도록 되어 있었다. 실결과 재해지를 구분하여 單子를 만드는 과정에서 가장 기초단계인 實査가 이루어지는 과정을 살펴보자.

각면 각리에서 中庶로서 사리에 이해가 있고 또 家計가 충실한 자를 선택하여 別有司로 임명하는데, 이들에게 分綴한 行審冊을 각각 1~2字號, 또는 4~5자호 씩 나누어주고 몇 일 안에 현지를 답험하여 사실대로 執卜(查定)하게 하였다. 이들을 내어 보내기 전에는 동헌 마당에 불러놓고 "너희들에게 一卜이라도 부정이 있으면 엄중 처벌은

---

70)『備邊司謄錄』97, 영조 11년(1735) 3월 일, 9권 982쪽 나~983쪽 라.

물론이요 온 가족을 군역으로 降定한다" 하고 각자로부터 다짐을 받았다.[71]

  그리고 監官[72] 1, 書員 1, 당해 面任 1, 使喚軍과 각각 그 전답의 주인 1인 모두 6인[73]이 모여 卜審[74]하는데, 그 외의 면임이나 閑雜人·隨從者가 있는 경우에는 감관과 서원을 엄중 처벌하도록 하였다. 이들은 그 전답주인과 같이 답험한 뒤, 당해 밭머리에 앉아 卜數를 측정하고 置簿冊에 기록하고 또 그 卜數를 적어 그 주인에게 준 다음에 다른 곳으로 옮아갔다.[75]

  이렇게 실사를 끝내고 나면 다 같이 모여 作結한다. 실사한 바에 따라 실결과 허결을 기입한 단자를 작성하는 것이다. 수령은 이것을 검토한 후 官印을 찍어서 정식으로 발급한다. 재해지로 면세된 곳은 관인을 찍어 각 면 각 리로 보내 민인들에게 그 급재된 곳을 잘 알게 하는 방법으로 유사들의 부정을 막도록 했다.[76]
  許給한 災害는 편지에 '某面某里某役某人某畓某災幾卜幾束'이라 쓰고 서명날인 하였다. 그리고 한 면에 허급하는 것을 한 데 봉하여 面任에게 내주어 면 내의 각 里任에게 나누어주게 하고 일일이 다해

---

71) 『居官大要』 單子規式, "弊明覈之道 各面各里 必擇中庶中稍解事理及家計稍實者 名之爲別有司 及其踏驗時 盡爲招人官庭 嚴筋分付曰 汝輩或有一卜弄奸 則非但各別重刑當全家降定軍役云云".
72) 위에서 말한 別有司를 지칭하는 것으로 보인다.
73) 監官― 書員― 該面任― 使喚軍與各其田畓主一人 並六人 : 모두 5인인데 6인으로 잘못 기록한 듯함.
74) 結卜의 査定.
75) 『居官大要』, 踏驗定式.
76) 『居官大要』, 作結法, "作結時 各里別有司 使之同會一處 因爲作結入來後 踏印出送――考給 則官吏初不着手 村民亦無入官之弊 此實玅(妙의 誤記인 듯)法".

里의 재해를 입은 농민들에게 나누어주도록 하였다.[77]

또한 급재결을 정할 때 수령이 친히 논밭으로 나가 살펴보아 부정을 가려낼 수도 있었다. 모두 돌아보지는 않더라도 몇몇 표본을 뽑아가서 본 후 災實結이 제대로 되었는지 확인하는 방법이다.[78]

하지만 이렇게 하더라도 급재결을 정하는 시기에 부정이 개입할 요소는 많았다.

안팎 어느 창고를 막론하고, 이 지방의 양반들이 찾아와서 倉舍로 들어가 감관과 같이 앉아, 혹은 酒肉을 討食하거나, 혹은 空殼을 수납하도록 청탁을 하여 지극히 시끄럽게 한다. 開倉할 시기를 정하고는 안팎 창고에 전령을 하여 모든 대문에 게시하도록 하고 때때로 부정의 유무를 조사하여 혹은 쫓아버리거나, 혹은 오는 것을 거절하여 엄중히 금단하는 것이 가하다.[79]

지방양반들은 감관들에게 술과 고기를 대접하며 빈 껍질의 곡식을 수납하도록 청탁하는 일은 일상화되어 있었던 듯하다. 이러한 청탁들이 빈발했기 때문에라도 수령들이 풍흉의 상황을 실제 답험할 필요가 있었다.

하지만 매년 손수 답험할 만큼 임지에 애정을 가지고 있는 수령은 많지 않았던 듯하다. 수령의 임기는 1,800일이었으며 60개월로 환산하도록 되어 있어서 5년이었다.[80] 하지만 그 5년을 다 채우는 수령은 거

---

77) 『居官大要』, 田政.
78) 『居官大要』, 踏驗定式.
79) 『居官要覽』, 糶糴, "無論內外倉 境內兩班來入倉舍 與監官幷坐 或討食酒肉 或請納空殼 極其紛紜 定開倉時 傳令於內外倉 揭諸大門 時時摘奸 或逐或 拒來 痛禁可也".
80) 『百憲總要』 1, 守令.

의 없었다. 懲戒・辭職・轉職 등의 이유로 교체가 이루어졌고 이 밖
에도 부모의 상을 당하거나 相避, 감사와 불화 등등으로 교체되었
다.[81] 경상도 安義縣과 密陽府의 先生案을 통하여 교체주기를 대강
짐작해 보면, 교체 중간의 공석인 기간을 무시하고 계산하더라도 안의
는 2년 8개월, 밀양은 1년 7개월이다.[82] 변방지방의 경우는 사직하는
경우가 더 많았고 재임기간이 더 짧았다. 변방지역의 경우 수령들이
자주 사임을 했다. 중앙정부는 변방지역 수령들이 1년만이라도 버텨
주길 바랬다. 따라서 변방지방 수령의 경우는 임기를 20개월로 하는
것조차 너무 기니 1년으로 한하되 기한 내에는 옮기지 못하도록 하자
고 정식화되었다.[83]

  잦은 교체로 인해, 수령은 임무파악에 어려움을 겪었다. 또한 수령
에게 지방발령은 그저 중앙정계로 진출하기 위해서 어쩔 수 없이 거
쳐야 하는 관문일 뿐, 양반들이 원하는 직위는 아니었다. 그래서 그들
은 수령 재임 후 가능한 빨리 퇴임하기를 원했다. 덕분에 새로운 임지
로 부임한 후, 씨 뿌려 거두기까지 농사의 한 과정을 채 지내기도 전
에 임지를 떠나는 경우가 많았다.

  이렇듯 수령들에게 재해 파악과 보고의 의무가 있지만, 수령들이
직접 실사한 후 급재결을 파악하고 보고했을 가능성은 떨어졌다고 볼
수 있다. 임지에서 근무기간이 짧았던 만큼 수령이 애정을 가지고 재
해의 실제 여부에 관심을 기울이기는 쉽지 않았을 것이다. 짧은 근무
기간에서 좋은 평가를 받기 위해서는 진휼곡 비축과 관청 재정 확보
에 더욱 중점을 두어야 했다.

---

81) 李源鈞, 「朝鮮時代 守令職 交遞實態」, 『釜大史學』 3, 1979.
82) 具玩會, 『朝鮮後期의 守令制運營과 郡縣支配의 性格』, 경북대학교 박사학
    위논문, 1992, 95쪽.
83) 『英祖實錄』 50, 영조 15년(1739) 11월 29일, 42집 649쪽.

재해보고를 수령에게만 전적으로 맡기는 데에는 무리가 있었으므로 책임의 한계를 정확히 할 필요가 있었다. 그런데 수령을 감시해야할 임무가 있는 관찰사가 수령의 과오를 찾아내는 경우는 별로 없었던 듯하다. 오히려 관찰사도 수령과 함께 곡물－화폐 매매에 동참하고 있었던 모습까지 찾아낼 수 있다.

> 호조판서 권이진이 아뢰기를 "……현재 감사와 수령은 이자 불리기에 한이 없습니다. 수령은 오히려 한 지역일 뿐이나 감사가 이자를 불리는 일은 하나의 도를 위협합니다."[84]

수령보다 관찰사의 행위가 훨씬 파급효과가 컸다. 관찰사는 도 단위로 쌀을 움직일 수 있었기 때문이었다. 관찰사는 수령을 감시하기보다 수령과 결탁하여 이득을 남기는 데에 힘쓰고 있었다.

또한 재해보고가 과다하다는 논란이 일고 있을 경우에도 관찰사는 수령들이 원하는 급재요청이 승인 받도록 나서주는 경우가 많았다. 여기에는 중앙정부의 고위관리들도 동참했다.[85] 심지어는 관찰사가 중앙정부의 승인을 받지 않고 임의로 급재를 허락해 주는 경우까지 있었다.[86] 이렇게 관찰사는 수령을 감시하기 보다는 수령과 결탁하여 행

---

84) 『備邊司謄錄』 82, 영조 3년(1727) 11월 17일, 8권 191쪽 다, "戶曹判書權以鎭曰……今監司守令殖利無限 守令猶是一境監司利殖威愶一道".

85) 『承政院日記』 343, 숙종 16년(1690) 12월 3일, "戶曹判書吳始復所啓 頃因兵曹參判李鳳徵上疏 水原等八邑 別爲給災事 啓下本曹 此亦本道前監司睦昌明曾所馳啓 請給分災之邑 追給災結 臣曹有難獨斷 故就議于廟堂 令該邑守令 ——親審災處 區別成冊 上送之意 覆啓分付本道矣 八邑成冊 纔已來到 取考其成冊 則災結都數 不過六百九十餘結 而今年畿甸農事 漢南若干邑 尤爲不實 其在自上軫恤之道 不可無特爲施惠之擧 此意已議于大臣 故敢此仰達矣 上曰 此八邑所報災結 特爲給災 可也".

86) 『肅宗實錄』 숙종 27년(1701) 12월 20일, 39책 669쪽, "戶曹判書金昌集曰 今

동하고 있었다.

그런데 지방관청이 급재를 이용해서 착복한 일이 발각되는 경우 수령이 아니라 아전들에게 그 죄가 돌리는 경우가 대부분이었다. 아전들이 주머니와 전대를 따로 차서 수령이 발견하지 못했다며 아전들을 탓했다.[87] 奸吏가 농간을 부렸는데 수령이 이를 알아채지 못했을 뿐이라는 것이다. 따라서 아전들은 처벌을 해야 하지만 수령은 자수를 해 온다면 죄를 감해 주어야 한다는 이해가 일반론이었다.[88]

거짓 급재 신청에 대해 중앙정부는 '관찰사는 수령에게, 수령은 면임에게 속았기 때문'[89]이라고 말했지만, 그것은 무마를 위한 표현일 뿐이었다. 재해 여부의 실사는 면임에게 그 책임이 있는 상황이었지만, 급재를 받은 후 관청내의 곡물과 화폐를 대규모로 매매하는 과정에서 이득을 얻는 상황을 수령과 관찰사가 알지 못하는 것은 불가능했다. 오히려 수령과 관찰사의 결정이 있어야만 이러한 대규모 매매가

秋年分事目磨鍊時 川反浦落覆沙 只許給災 於水田旱田 則元不擧論 而頃見兩西都事覆審啓本 各樣田災 任意許給 故一倂還實之意 旣已覆啓 而都事似當有別樣論罪之擧矣 世白日 事目外任意給災 歸冤於國 要譽於民 不可推考而止 上日 兩道都事 竝先罷後推".

87) 『備邊司謄錄』218, 순조 30년(1830) 2월 1일, 22권 113쪽 다, "司 達日 卽見公忠道暗行御史洪遠謨別單 則其一 本道改量 已過百年 吏奸日滋 國結漸縮 且每以新災 分表舊災 故惠澤未究 冤徵居多".

88) 『備邊司謄錄』52, 숙종 28년(1702) 8월 7일, 5권 60쪽 가, "又所啓 此則平安監司李世載狀啓也 德川前郡守沈東熙 虛張蕩減 欺罔朝廷 貪汚不法之狀 誠極可痛 而今已身故無可論罪 色吏金聲敏 旣已承款 固當依博川色吏例梟示矣 其中監官兪義曾等三人 雖日 同參 而以其無受賂之事 監司狀啓中 以爲雖有公私多少之別 浩意加功 均是一罪云 蓋其意以爲造意 則同而與受賂許減者 有間云爾 論其情犯 似當與色吏 差等科斷 故問議于首相 則其意 亦以爲宜有差別云 而係是死罪處斷 故敢此仰稟 上日 所犯略異 則宜有差等之道 色吏則梟示 監官則減死 可也 李日 然則監官等 他道極邊定配乎 上日 依爲之".

89) 『備邊司謄錄』92, 영조 8년(1732) 10월 29일, 9권 447쪽 다~448쪽 다.

이루어질 수 있었다.

과다 급재에 대해서 관찰사와 수령은 모두 그 책임을 회피하려 하고 있었고 아전에게 떠넘겼다. 급재에 관한 부정이 드러나더라도 말단 행정실무자인 아전만 책임을 물었기 때문에 관찰사와 수령에 의해 주도되는 과다 급재와 그를 통한 이식사업은 전혀 타격을 받지 않았다. 따라서 관찰사가 수령을 감사하는 방식으로는 급재를 통제하기가 힘든 것이 사실이었다.

2) 敬差官의 파견과 比摠制의 실시

중앙정부는 관찰사와 수령에게 급재의 허실에 대한 판단을 맡기고 있었는데, 이러한 책임체계에서 내려지는 결론은 '관찰사는 수령에게, 수령은 면임에게 속았다'는 것이었다. 허위 급재에 대해서 관찰사와 수령은 서로 결탁하고 있었으므로 이들은 권력을 가지고 있지 않은 이서층에게 그 책임을 모두 떠넘기고 있었다. 중앙정부가 지방관청을 믿는 것은 더 이상 불가능했다. 조세의 축소와 이식사업 그리고 농민들의 피해를 막기 위해서는 중앙정부가 지방관에게 급재에 대한 감사의 책임을 맡기지 않고 직접 급재여부를 감시하는 체계를 만들 필요가 있었다.

중앙정부는 우선 分數災를 정확하게 매기는 절차상의 방법을 논의했다. 급재를 재해의 경중에 따라 구분해서 일정 정도는 면세하고 나머지는 조세를 걷는 것을 분수재라고 한다. 조세를 전혀 걷지 못할 정도로 흉년인 곳은 조세를 전부 면제해 주었는데 이것을 全災라고 하였다. 그런데 전재를 주지 않고 일부를 급재해 주어야 하는 경우가 있었는데, 총 수확의 10분 1에 대해 조세를 걷으면 九分災라 하고 10분의 2를 받으면 八分災라고 했다. 그런데 이렇게 災를 분등할 때에 관리가 농간을 부려 재실이 뒤섞이고 구별하기가 어려운 경우가 있는데, 성책을 마감할 때에도 전재가 몇 결, 칠분재가 몇 결, 팔분재가 몇 결, 구분재가 몇 결이라고 각각 題目을 달아서 다른 항목으로 표기하면 각 제목마다 조작을 해서 결수를 올리는 식으로 實結을 줄이는 경우가 허다했다.

이렇게 분수재의 항목을 각각으로 해 놓으면 전체 급재결의 관리가 어려워지기 때문에 문서상으로는 전재 한 항목만 두고 그 아래 항목에 분수재인 팔분재가 몇 결, 구분재가 몇 결 몇 결이라고 기록하게 해서 명목을 간소화함으로써 농간을 부리는 폐단을 줄이려 했다.[90]

물론 이런 문서기록 형태의 변화가 급재결의 실사에 큰 영향을 끼치리라고는 기대할 수 없었다. 좀 더 강력한 대책마련이 필요했다. 수령과 관찰사의 급재보고를 믿지 못하는 이상 중앙정부가 믿을 수 있는 감독관을 파견해서 연분사목을 작성하겠다는 것이 그 대책이었다.

중앙정부는 연분사목을 작성할 때 敬差官을 각 지방으로 파견하였다.[91] 경차관은 토지 측량 등에 관련된 임시관료이다.

그런데 연분사목 작성 시 경차관을 보내는 시도는 그리 성공적이지 못했다. 경차관을 보냈는데도 擅斷해서 급재를 준 것이 너무 많다는 이야기가 계속 나오고 있었다.[92] 경차관은 가서 실정을 살피고 조정에 상소를 올려야 하는 소임을 가지고 있었다. 그런데도 자신이 마음대로 급재를 주는 경우가 많았다.

    (좌의정 洪致中이 아뢰기를) "……경차관의 소임은 오로지 허와 실을 구별하는 데에 있습니다. 만약 대단한 민폐가 있다면 조정에 돌아

---

90) 『備邊司謄錄』 78, 영조 1년(1725) 7월 26일, 7권 716쪽 가.
91) 李章雨, 「朝鮮初期의 損實敬差官과 量田敬差官」, 『國史館論叢』 12, 1990.
92) 『備邊司謄錄』 76, 경종 4년(1724) 11월 28일, 7권 616쪽 나.

146

온 뒤 혹 상소하거나 혹 직접 아뢰더라도 불가한 것이 없음에도 전지
를 살피러 간 관원이 지레 급재를 청하였으니 사체로 보아 옳지 않습
니다."93)

경차관의 임무는 수령의 주도로 만든 연분사목이 제대로 작성되었
는지 혹은 잘못이 없는지를 구별하는 것이었다. 만약 고쳐야 될 부분
이 있다면 중앙정부에 보고를 한 다음 대책을 하달 받아야 했다. 그런
데도 경차관은 중앙정부에 보고하지도 않고 추가급재를 해 주었던 것
이다. 경차관의 파견이 급재 감소에 별다른 역할을 하지 못했고 오히
려 수령들의 추가급재 요청에 경차관이 쉽게 동의하고 있었던 모습을
볼 수 있다. 중앙정부는 경차관을 보내봤자 소용없다는 데에 동의하고
있었다.94)

파견된 경차관의 임무는 그 지역의 농토를 낱낱이 실사하는 것이
아니었고, 수령이 이미 만들어놓은 成冊을 조사해서 과도하게 급재지
역을 기록했다고 판단된 경우 그곳을 실결로 바꾸는 일이었다. 따라서
각 고을의 수령이 일부러 전결을 많이 숨겨 놓고 처음에는 보고하지
않다가 경차관이 여러 번 점퇴95)한 뒤에야 비로소 숨긴 전결을 내놓
아서 경차관의 결재를 받았다. 경차관은 수령이 숨겨놓은 전결이 있을
것이라 미리 짐작하고 있었기 때문에, 만약 수령이 처음부터 實數를
다 보고한 경우에 경차관의 점퇴를 당하고 실결을 제대로 보고하라는
추궁을 당하면 해결할 방법이 없었다. 그래서 경차관의 점퇴를 대비해
서 처음에는 실결을 보고하지 않고 점퇴를 당한 후 실결을 보고하는

93) 『備邊司謄錄』80, 영조 2년(1726) 11월 1일, 7권 950쪽 가, "洪曰……敬差爲
任 專在區別虛實 若有大段民弊 則還朝後 或疏陳或面稟 未爲不可 而檢田
之官 經先請災 事體不可矣".
94) 『備邊司謄錄』94, 영조 9년(1733) 9월 1일, 9권 653쪽 가~라.
95) 點退 : 貢物의 규격 검사에서 불합격되어 收納하지 않는 일.

방식으로 일을 처리했던 것이다. 눈 가리고 아웅하는 방식으로 일을
진행했기 때문에 경차관의 파견이 지방 농작상황의 허실을 사실대로
가리기는커녕, 중간에 부정만 하나 더 늘어나는 환경을 만드는 셈이었
다.96)

　실제로 경차관은 私情을 따르는 경우는 혹은 전결을 수령에게 마음
대로 주어버리는 경우도 있었고 성책을 마감할 때 경차관이 데리고
온 하인이 뇌물을 받아먹기도 해서 폐가 되는 일이 많았다.97) 또한 경
차관이 지방의 세력가와 결탁해서 그들과 관련된 조세는 줄여주고 대
신 세력이 없는 이들에게는 白徵을 하는 등 사적인 인간관계에 얽혀
일을 처리하는 경우가 발각되었다.98)

　그러는 와중에 경차관 자신은 당연히 금전적인 이익을 보았다. 경
차관을 보내봐야 이득은 전혀 되지 않고 廚傳99) 비용만 든다100)는 얘
기가 괜히 나온 것이 아니었다. 경차관이 되어서 뇌물을 받아서 숨겨
놓았다가 암행어사에게 적발되기도 했다.101)

　수령의 부정을 감시하러 가는 경차관은 인물 선정에 신중을 기해야

---

96) 『增補文獻備考』 149, 田賦考9 租稅2.
97) 위의 책, 같은 쪽.
98) 『度支志』 外篇6, 版籍司 田制部4 檢田.
99) 지방에 나가는 관원이 경유하는 驛站에서 음식과 거마를 제공하는 것.
100) 『英祖實錄』 82, 영조 30년(1754) 7월 27일, 43책 537쪽, "戶曹判書李喆輔奏曰
　　敬差官檢田 只益廚傳之弊 今秋災實 請專委道臣 上曰 自今無敬差官乎 其
　　在存羊之義 有難永廢 擇人而任之 不亦可乎 然戶判旣奏 依施".
101) 『英祖實錄』 30, 영조 7년(1731) 7월 25일, 42책 272쪽, "掌令閔珽上疏 略曰
　　日昨本府新啓 意東言西 用意崎嶇 名雖請罪金龍慶 其精神所注 專在於上
　　款 前後迭發等語 必欲搖撼鼎席 拯逼銓地 而其所排布 似不止此 彼李大源
　　本以師尙門客 受其卵育 則其本末可知 而向爲嶺南敬差時 以賂物事 現贓
　　於繡衣 無論事之虛實 其在自靖之道 惟當縮伏 而揚揚冒出 手脚忙亂 此其
　　中必有許多機括 而在梁廉隅 可謂放倒無餘 臣謂大源 宜施削版之罰 而銓
　　曹容易擬望 不少難愼 當該堂上 宜重推也".

148

했다. 중앙정부는 반드시 '三司를 거치고 백성을 교화할 수 있는 힘이 있으며 田政에 밝은 사람'을 경차관의 조건으로 보았다.[102) 그리고 경차관이 부정을 저지르는 것을 대비해서 가을과 겨울 사이에 암행어사를 파견해서 감찰하기도 했다.[103)

하지만 단체도 아니고 개인의 자격으로 내려가는 경차관이 공명정대하게 일을 처리하기를 기대하는 것은 무리였다. 경차관이라는 제도가 제도로 살아 움직이기 위해서는 개인의 차원에서 벗어나야 했지만, 한 개인에게 전권을 위임하는 방식으로 자격을 주는 한 개인은 제도 속에서 움직이기보다는 거의 필연적으로 개인의 이익을 위해 움직였다. 따라서 災實 여부를 판단하는 경차관이라는 제도는 처음부터 제도로서의 역할을 거의 하지 못했다.

경차관이 기대했던 임무를 이행하지 못하자 중앙정부는 다른 장치를 마련할 필요성을 느꼈다. 하지만 수령-관찰사-경차관-암행어사 이외에 다른 감시체계를 만들기는 쉽지 않았다. 앞에서도 언급했듯이 개인에 의지한 감시는 제도로 굴러가기 힘들었다. 그런데 당시의 조선 사회는 개인에 의지하지 않는 다른 제도를 생각해내는 것에 익숙하지 않았다. 이중 삼중 사중으로 제도를 보완하려고 노력한 것이 수령-관찰사-경차관-암행어사로 이어지는 감시 회로였던 것이다.

이러한 감시제도를 더 보완한다는 것은 더 이상 의미가 없었다. 이 점을 확인한 중앙정부는 감시를 통한 수세에 대해 미련을 접는 쪽으로 정책의 방향을 선회해야 했다.

比摠制는 이런 과정에서 나온 타결책이었다. 비총제란 중앙정부가 흉년 정도를 예년과 비교해서 판단하고 그에 따라 일괄적으로 조세를 거두는 방식이었다. 여말선초의 답험손실법의 특징을 취하여 최저한

---

102)『英祖實錄』27, 영조 6년(1730) 7월 17일 42책 216쪽.
103)『景宗實錄』15, 경종 4년(1724) 6월 8일, 41책 322쪽.

의 실결수로 확보함으로써, 나라에서 필요로 하는 최소한의 재원 가운
데 전세에서 수취할 수 있는 최대한의 양을 확보하고자 기도한 것이
었다.

이것은 지방의 풍흉 사정에 대해 세심하게 관심을 기울이기보다는
매년 안정적으로 조세를 걷는 쪽으로 중앙정부의 조세수납 정책을 운
영하겠다는 의지를 보여준다. 이는 줄어든 出稅結을 늘리기 위해 실
사를 통해 가짜 급재결을 찾아내겠다는 중앙정부의 이전 정책을 버린
것과 다름 없었다.

실사를 통해 出稅結을 늘리는 임무를 가지고 파견되었던 경차관도
결수를 늘리기보다는 추가급재를 더 요청하는 경우가 많았다. 그런데
비총으로 급재결수를 정하면 더 이상의 추가급재를 받아들여 주지 않
아도 되었다. 이제 出稅結數 증가에 도움이 되지 않는 경차관을 뽑고
보내는 데에 드는 번거로움과 비용을 없애는 대신, 出稅結의 줄어든
상태를 그대로 인정하되 최소한의 조세는 안정적으로 확보하겠다고
중앙정부는 정책을 바꾼 것이다.

비총제는 18세기 전반부터 지방관찰사가 간간이 요청해 왔고[104] 중
앙정부도 과다한 급재청구를 막는 방편으로 제시하였다.[105] 그러다가
1760년 이 제도가 정식으로 자리를 잡았다.

舊制는 조정에서 경차관을 諸道에 나누어 보내서 재해의 시지를 考
驗하여 磨勘 啓聞하거나, 혹은 호조로부터 비총하여 급재하였다.
英宗 庚辰(영조 36년, 1760)에는 경차관을 보내지 않고, 비총법을 사
용하여 지금까지 시행한다. 매년 가을 8월이면 호조에서 각도의 雨澤
과 農形을 참고하되, 相當年과 비교 商量해서 총수를 결정하고, 급재

---

104) 『備邊司謄錄』 92, 영조 8년(1732) 10월 29일, 9권 447쪽 다~448쪽 다.
105) 『度支志』 外篇6, 版籍司 田制部4 檢田.

할 것을 구별하여 事目을 成出해서 대신에게 의논하고 入啓하여 윤
허를 얻은 뒤에 備局에 謄抄하여 보고하고, 憲府에 移文하여 곧 각도
에 事目을 반포해서 災結을 分表하고, 西北兩道(평안도·함경도)에는
元稅 내에서 3분의1을 例減106) 하기 때문에 사목 시에 급재하지 않고
다만 실결로써 相當年에 준하여 비총한다. 개성부에는 執摠을 한결같
이 정하고 급재는 아니한다.107)

경차관을 보내지 않는 대신, 매년 가을 8월에 호조가 각도에 비가
얼마나 적절하게 내렸는지 또 농사는 어떻게 되어가는지를 참고하여
이와 비슷한 해와 비교해서 세금을 매길 양을 정하였다. 급재할 것은
따로 事目을 만들어서 대신들과 의논한 뒤 啓를 올려 임금에게 승락
을 얻었다. 그리고 비변사에서 이 사목을 베껴서 司憲府에 보내면 각
도에 반포하였다.

연분사목을 頒下한 뒤에 각 읍의 수령이 몸소 審察하고 실지를 조
사하여 災實의 형지를 감사에게 보고하면, 감사는 다시 檢覈하여 道
內 각읍을 分等하여 啓聞하되, 禾穀이 잘 익은 것은 稍實로 잡고 재
해를 당하여 흉년이 들어 손실된 것을 尤甚으로 잡고 중간에 있는 것
은 之次로 하여 읍에 보고한 재결을 모두 모아 연분의 劃給한 것과
비교한 뒤에 읍을 배정하여 量給하고 연분의 성책을 마감하여 啓聞하
고 호조에 등초하여 보고한다.

---

106) 定例에 의해 감해줌
107) 『萬機要覽』財用篇2, 年分, "舊制 朝家分遣敬差官于諸道 考驗災實 磨勘啓
聞 或自戶曹比摠給災 英宗庚辰 不送敬差官 用比摠法 至今行之 每年秋八
月 戶曹參考各道雨澤農形狀 比較於相當年 商量定摠 區別給災 成出事目
就議大臣 入啓蒙允後 謄報備局 移文憲府 仍頒事目于各道 使之分表災結
西北兩道 元稅內 例減三分一 故事目時不爲給災 只以實結準相當年比摠
開城府 一定執摠 不爲給災".

각도의 연분은 災實을 마감한 뒤에 원장부전답에서 諸般 免稅·陳
雜頉과 당년의 災結을 덜어내고 그 실총을 등급에 따라 세를 내게 하
되 쌀·콩·무명·포의 수량을 일일이 어람하는 성책에 開錄해서 歲
前에 계문하고 호조에 등초하여 보고하니, 이를 收租案이라 하는데
호조에서 考準하고 簿를 참고하여 수세한다.[108]

각도에 연분사목을 반포하면, 각 읍의 수령이 실지를 답사·조사해
서 災實의 상황을 감사에게 보고하였다. 감사는 이 보고를 살펴보고
도내 각 읍의 상황에 따라서 곡식이 잘 익은 지역은 稍實, 보통인 지
역은 之次, 그리고 작황이 좋지 않은 곳은 尤甚으로 등급을 매긴 뒤,
중앙에서 받은 연분사목과 비교해서 각 읍에 따라 조세를 받을 수량
을 정해서 연분의 성책을 마감하였다. 이 성책을 임금께 알리고 등초
해서 호조로 보내었다. 이것을 收租案이라고 하는데 호조는 收租案과
장부를 비교해서 수세하였다.

연분사목을 중앙정부가 미리 작성하는 비총법을 쓰면, 중앙정부는
매년 대략 짐작한 만큼의 조세를 걷을 수 있었으며, 추가급재 신청 때
문에 행정에 차질이 생기는 일을 막을 수 있었다. 하지만 이로써 중앙
정부는 지방의 작황상황을 직접 실사하고 관리하는 통로를 막아버린
것이었다. 조세 수급의 안정과 행정의 편리를 위해 18세기 후반에 정
착시킨 비총제는 중앙정부에서 예상하는 것보다 더 많은 사회변동을
야기하고 있었다.

---

108) 『萬機要覽』財用篇2, 年分, "年分事目頒下後 各邑守令親審踏驗 以災實形
　　止報于監司 監司更加檢覈 以道內各邑分等啓聞 禾穀善熟者置之稍實 被災
　　歡損者置之尤甚 居於兩間者置之之次 摠聚邑報災結 較之年分所劃 排邑量
　　給 年分成冊 磨勘啓聞 謄報戶曹 各道年分災實磨勘後 就元帳付田畓 除減
　　諸般免稅陳雜頉及當年災結 以其實摠隨等出稅 而米太木布之數 ——開錄
　　御覽成冊 歲前啓聞 謄報戶曹 是謂收租案 戶曹考準按簿收稅".

비총제 실시는 작황상황에 대해 중앙정부가 직접 관리하지 않는다
는 정도의 상황만을 의미하는 것이 아니었다. 중앙정부가 작전상납과
관련되어 일어나고 있는 화폐-곡물 매매에 대한 통제에서 완전히 손
을 떼겠다는 것과 마찬가지 뜻이었다. 호조의 수입을 안정화하기 위한
이 제도는 결국 지방재정이 곡물-화폐 시세차익을 통한 이식사업에
대해 중앙정부가 통제의 끈을 완전히 놓아버리는 결과를 낳았다. 이러
한 중앙정부의 태도 아래에서 지방관청은 곡물과 돈의 가격을 조정하
면서 지속적으로 시세차익을 얻을 수 있었고, 지방관청이 가져간 이익
은 고스란히 농민들에게 불이익이 되어 돌아갔다.

結 論

이 책에서는 17·18세기 전세 수입 부족이라는 문제에 직면한 호조의 시기별 대처 방안과 정책을 살펴봄으로써, 조선정부의 조세정책이 사회경제적 변화에 미친 영향을 추적해 보았다. 전세 감축 이후 비총제 성립까지를 다루었는 바, 크게 모두 세 시기로 구성되어 있다.

첫 번째는 전세부족 논란에 대해 호조가 군자곡을 적극 이용하던 17세기 후반이다. 16·17세기에 걸쳐 호조로 들어오는 전세가 감축되었다. 그런데 이런 전세 감축이 호조로 들어오는 전세 부족 원인의 전부였다고 할 수 없다. 전세가 감축된 이후, 호조로 들어오는 전세 수입과 지출의 예산을 비교하면 지출과 수입이 거의 비슷하거나 지출보다 수입이 조금 많은 정도였다고 할 수 있다. 그런데도 전세 수입이 매년 문제가 된 것은 지방관청의 급재요청 때문이었다. 지방관청들은 흉년을 이유로 전세상납을 미루는 급재를 원하고 있었다. 급재 요청은 매년 반복되었고 결국 매년 전세 지출보다 수입이 적은 양상을 낳았다.

그런데 전세부족 논란이 계속된 것은 조선정부가 전세 수입의 감소 원인인 급재에 대해 근본적인 해결책을 찾지 않았기 때문이었다. 호조는 대신 이 문제를 해결하기 위해 전세 이외에 예비재정을 확보하기 위해 노력하고 있었다. 17세기 후반 호조가 재정문제 해결을 위해 눈을 돌린 것은 군자곡이었다. 군량 마련과 비상시의 대비를 위해 군사기지 등에 저장해 놓은 곡물인 군자곡을 호조는 예비재정으로 쓰기 시작했다.

호조가 군자곡을 예비재정으로 쓰기로 한 것은 급재해 준 전세를 다음해에 받을 수 있다는 전제 때문이었다. 급재는 원래 전세를 완전히 탕감해 주는 것이 아니라, 흉년이 든 해에 잠시 받지 않고 다음해에 받는 방식이었기 때문에 원칙대로라면 호조는 그 해 받지 못한 전세를 다음해에 받아서 빌렸던 군자곡을 갚을 수 있었다. 하지만 급재해 준 전세를 다음해에 받지 못하는 경우가 허다해지면서 호조는 군자곡을 되돌려 줄 수 없게 되었다. 이 때문에 군자곡의 儲置量은 계속 줄었으며 호조는 적극적으로 다른 예비재정을 확보해야 할 필요성에 당면했다.

두 번째 시기는 호조가 銀 수입 확보에 노력하던 17세기 말부터 18세기 전반 사이다. 임진왜란을 거치면서 조선에는 銀이 수입·생산되고 유통되었다. 고액화폐로 자리 잡은 것이다. 이에 호조는 倭銀과 국내 광산 銀에 대한 수세권에 대한 모두 장악함으로써 銀을 예비재정으로 확보하였다.

그런데 17세기 말부터 호조의 예비재정 역할을 하던 銀은 18세기 전반이 되면서 제 역할을 하지 못했다. 대일·대청무역이 직거래로 바뀌면서 국내 유통되는 銀이 감소하자 호조의 銀 수세량이 축소되었고 게다가 貸與銀마저 제대로 환수되지 못하는 바람에 호조의 儲置銀이 줄어들었기 때문이었다. 호조는 銀 이외에 새로운 수입원 확보 대책을 세워야 했다. 이때 호조가 눈을 돌린 것이 鑄錢이었다. 銀의 유통이 원활하던 시기에는 돈의 가치가 불안정하였지만, 銀 유통이 줄어들자 이를 대체할 화폐가 필요했던 17세기 말부터 돈의 가치는 올라가기 시작했다. 이에 銀 수입이 줄어서 재정 압박을 느끼던 호조도 돈

의 가치 상승에 주목하고 주전을 통해 재정 수입을 확보하고자 하였
다. 호조는 자 기관에서 주전을 전담하겠다는 주장을 펼치기도 했다.
하지만 이미 여러 국가기관들이 주전에 참가하고 있는 상황이었기 때
문에 이 요구는 실행되지 않았다.

17세기 말부터 18세기 전반은 호조가 재정 수입 확보를 위해 화폐
에 관심을 두는 시기였으며, 돈이 銀의 자리를 대체함에 따라 銀의 수
입에 관심을 두었던 호조는 자연스럽게 돈의 확보로 방향을 돌렸다.

18세기 전반 이후 호조는 돈을 소장하는 방책을 鑄錢 대신 作錢으
로 바꾸고 있었다. 주전전담 요구는 사실상 이루어지기 힘든 것이었기
때문이었다. 이미 여러 기관들이 주전을 통해 재정을 확보하고 있었고
특히 군문은 주전의 재료인 銅 확보가 쉬웠기 때문에 주전을 주도하
였다.

호조는 평안도의 전세를 작전을 해서 가지고 오는 방법을 선호하고
있었다. 평안도 지역은 쌀 생산이 적은 곳이어서 쌀값이 높았다. 따라
서 호조는 평안도의 쌀을 그대로 가지고 오는 것보다 그 지역에서 작
전을 함으로써 시세차익을 남기고 있었다. 호조는 돈을 이용해서 새로
운 방식의 재정 수입을 창출하였다.

한편 호조는 적극적으로 전세의 작전상납을 원하는 여러 지방의 요
구에 응하면서 전세의 작전상납 비율을 높여갔다. 이러한 작전수세의
확대는 흉년에 농민들의 부담을 경감시켜 준다는 명목상의 목적과 급
재를 줄인다는 실질 목적을 한꺼번에 잡으려 한 것이었다.

고질적이었던 호조의 전세 수입 부족을 해결할 방법에 대해 17세기
중반 이후 호조는 전세와 관련한 제도개혁보다는 다른 재정확보로 해
결하려는 모습을 보여 왔는데, 호조가 작전수세에 대해 긍정적인 반응
을 보이면서 그 비율을 높여간 것은 작전수세가 시세차익에 이용할
수 있는 돈이라는 재정 수입원을 확보하는 동시에 급재를 견제할 수

있는 장치로 적극 활용될 수 있다고 판단했기 때문이었다.

하지만 다른 재정원을 확보함으로써 전세 수입 부족에 대한 대책을 마련하려고 했던 호조의 재정확보 방법은 18세기 중반이 되면서 확연히 한계에 부딪힌다. 지방관청은 작전수세를 이용해서 지방관청의 이식사업을 일반화하였고, 작전수세는 농민의 세 부담을 덜어주는 데에 아무런 긍정적인 작용도 하지 않았으며 다만 지방관청의 탈세를 정당화시켰다.

지방관청의 작전이 재해에 처한 농민들을 위한 사업이 아니라는 것은 중앙정부도 익히 알고 있는 사실이었다. 하지만 호조로서는 원하는 돈을 수세할 수 있으면서 지방관청의 재정상황을 고려해서 절충을 한 것이 작전수세였다. 작전수세는 농민을 위한 것이 아니라 중앙정부와 지방관청의 재정운영 타협점이었다. 그런데 지방관청이 작전수세제를 이용해서 대규모로 이식사업을 벌이고, 결국 호조의 전세수세에 부정적인 영향을 미치자 호조는 이제야 전세확보에 대해 새로운 방식의 대책 마련에 부심했다.

호조가 전세확보를 위해 먼저 고민한 것은 역시 급재보고에 대해 어떻게 감시할 것인가 하는 점이었다. 전세 수입 부족이 연이은 급재 때문이었으므로, 급재에 대한 대책을 내놓아야 하는 것은 전세확보를 위한 제1의 대처방법일 것이다. 이미 수령들의 급재보고는 감시하기 힘든 지점까지 와 있었다. 이식사업에 수령들이 먼저 나서고 있던 것이 현실이었다. 수령의 과오는 관찰사가 찾아내도록 하고 있었지만 현실적으로 기능하지 않았다. 관찰사는 수령의 문제를 덮어주거나 심지어 수령과 함께 이식사업에 동참하였다.

중앙정부는 경차관을 파견함으로써 지역의 급재 허실 여부를 중앙관리가 직접 파악하는 식으로 감시를 두텁게 하려고 했다. 하지만 경차관의 파견은 별다른 결과를 내지 못했다. 경차관조차도 관찰사나 수령과 함께 부정에 참여했기 때문이었다. 더 이상 이러한 방식의 감시 제도는 효용이 없었다.

빈번한 급재, 특히 작전수세 이후 이식사업과 연결되며 더욱 문제가 되었던 전세 수입 부족을 해결해야 했던 중앙정부는 감시를 통한 수세량 확보에 미련을 접었다. 그 결과가 비총제였다. 비총제란 중앙정부가 흉년 정도를 예년과 비교해서 판단하고 그에 따라 일괄적으로 조세를 거두는 방식이었는데, 최저한의 실결수를 확보함으로써 전세에서 수취할 수 있는 최대한의 양을 확보하고자 하는 것이다.

비총제는 더 이상 지방의 풍흉 사정에 관심을 기울이지 않고 매년 중앙정부가 원하는 안정적인 조세를 걷는 쪽으로 중앙정부의 조세수납 정책을 운영하겠다는 의지를 보여준다. 또 한편으로 작전수세와 연결된 지방관청의 이식사업의 문제점에 대한 대처방안을 내지 않겠다는 뜻이기도 했다.

결국, 17세기 중반 이후 전세축소에 대한 호조의 일관된 대처방안은 전세수납 과정에 깊숙이 개입하지 않는 것이었다. 따라서 전세축소에 대한 대책을 마련하기보다는 군자곡을 이용하거나 銀 수세를 강화하고 또한 鑄錢에 관심을 가졌다. 作錢수세의 강화도 그러한 맥락에서 나온 호조의 대책이었다.

다시 말하자면 田政에 문제가 생겼는데 그 자체를 근본적으로 해결하기 보다는 화폐 수납을 통해 현안을 비껴 나간 것, 그것이 17~18세기에 걸치는 동안 호조의 전세수납 해법이었다고 할 수 있다.

화폐 비축에 대한 호조의 관심은 銀에서부터 시작했다. 銀은 고가화폐였고 특히 대일·대청 외교와 무역 과정에서 확보할 수 있었다. 즉 호조가 銀을 수세하는 것은 기존 田政에 큰 영향을 끼치는 것이 아니었다. 다만 호조는 새로운 수입원을 찾은 것이었다. 하지만 18세기 초 대일·대청무역의 상황과 이에 따른 조선의 역할 변화로 銀 유

통은 확연히 줄어들었고 호조는 銀을 대신할 수 있는 화폐로 돈의 수
납에 관심을 가졌는데, 이는 호조가 선택할 수 있는 당연한 정책의 귀
결점이었다고도 볼 수 있다.

그런데 문제는 銀의 수납은 田政과 관계가 없었지만 돈은 田政과
긴밀하게 연계되어 있었다는 점에 있었다. 앞서 말했듯이 銀은 대
일·대청 외교와 무역 과정에서 조선에 유통되었다. 銀의 유통은 田
政을 통하지 않은 것이었다. 하지만 돈은 달랐다. 18세기에 들어서면
서 돈의 가격이 올라가자 호조는 田稅를 作錢함으로써 돈을 확보하고
자 하였다. 이렇듯 돈의 유통과 확보는 田政과 밀접한 관계 속에 있었
다.

전세는 농업을 주업으로 삼는 농민들이 내는 조세였다. 그런데 돈
으로 전세를 내도록 하면 농민들은 곡물을 돈으로 바꾸는 절차를 거
쳐야 했다. 물론 돈으로 내는 것은 농민들을 위한 것이라고 정부는 명
분을 내세웠다. 흉년이 되면 곡물의 가격이 올라가기 때문에 상대적으
로 가치가 내려가는 돈을 수납하는 것이 농민들에게 훨씬 유리하다는
이야기다. 하지만 실제 상황은 달랐다. 대부분 관청이 많은 돈을 소유
하고 있었고 농민들은 곡물을 가지고 있었다. 따라서 농민들이 곡물을
돈으로 바꿀 때는 시장 가격이 형성될 수 없는 상황이었다. 돈을 독점
한 관청은 높은 가격에 돈을 내어놓았고 조세를 납부하기 위해 돈이
필요했던 농민들은 이 가격을 수용하는 수밖에 없었다. 농업을 주업으
로 삼는 농민들에게 돈으로 조세를 납부하도록 하는 것은 그 자체가
모순이었던 것이다. 결국 전세에서 작전수세는 지방관청이 이식사업
을 할 수 있는 터전을 만들어 준 셈이었다.

이러한 문제는 처음부터 노정되어 있었는데도 호조는 몇 가지 이유
에서 작전수세를 선호했다.

먼저 호조는 作錢收稅를 확대함으로써 화폐 비축 확대와 전세수납

의 편리함이라는 두 가지 유리한 고지를 모두 가지려 하였다. 앞에서 서술했듯이 호조는 예비재정에 대한 관심으로 화폐에 주목하고 있었고, 특히 고가가 된 화폐를 보유할 필요성을 느꼈다. 게다가 납부 받은 화폐는 곡물과 달리 썩지 않기 때문에 부패로 인한 손실을 걱정하지 않아도 되었다.

한편 호조는 작전수세를 잦은 급재에 대한 대책으로도 보았다. 조선후기 지방유치미의 감소로 지방관청이 운용할 수 있는 재원은 줄었다. 지방유치미는 원래 지방관청에게 사용권한이 있는 것은 아니었지만, 진휼 재원 마련 등 국가 긴급사태 때 사용하도록 한 규정이 있었다. 따라서 지방관청은 지방유치미를 지방관청의 재원으로 인식하는 경향이 있었으므로 지방유치미가 줄어들자 지방관청의 수입이 준 것과 같은 현상이 일어났다. 지방관청은 새로운 재원 마련의 필요성을 느꼈고 이 때문에 자주 급재신청을 했다. 지방관청은 이미 받은 전세를 호조에 납부하지 않고 남겨둠으로써 예비재정을 확보하려 하였던 것이다. 그런데 지방관청이 작전수세를 통해 이식사업을 하여 예비재정을 마련하게 되면, 전세에 대한 급재요청이 일부 줄어들 것이라 판단했다.

명목상으로는 농민들의 조세 경감을 위한다고 했지만, 이렇듯 작전수세는 호조와 지방관청의 안정적인 수세를 위한 조치였다.

그런데 이렇게 호조가 작전수세를 옹호하는 사이에 모순은 걷잡을 수 없이 커지고 있었다. 지방관청이 이식사업을 대규모화하였던 탓이다. 지방관청은 지역 내에서 돈을 독점하는 방식에서 벗어나, 지역 간의 시세 차이를 이용해서 곡물과 돈을 대단위로 매매하며 이식을 취했다.

지방관청의 이식사업이 커질수록 농민들의 불이익이 가중되었음은 더 설명할 필요도 없다. 그런데 지방관청의 행태는 호조의 전세수납에도 영향을 미쳤다. 지방관청은 수납한 전세를 호조로 납부하지 않은 채 곡물－돈 이식사업에 집중하였던 것이다. 즉 흉년 평계를 대면서 호조에 급재를 신청하고 한편으로는 농민들에게 전세를 받아서 이를 자본으로 이식사업에 힘썼던 것이다.

작전수세로 인해 호조의 전세 수입이 감축되는 일이 반복되자, 호조는 그제서야 이 문제의 심각성에 대해 논의하였다. 호조는 전세수세를 새로운 방식으로 바꿀 필요가 있었다. 물론 호조는 농민들의 불이익을 이익으로 바꾸기 위해 새로운 전세수세제를 도입할 계획이 아니었다. 여태까지 그래왔던 것처럼, 호조는 가능한 한 전세수세에 관여하지 않으면서 최대로 안정된 방식으로 수세하기를 원했다. 비총제의 성립은 이렇게 이루어진 것이었다.

비총제를 통해 호조는 일정한 수량의 수세를 할 수 있었다. 하지만 이것은 지방관청의 농민들에 대한 조세수납에 중앙정부가 전혀 개입하지 않겠다는 의미였다. 이로써 중앙정부가 농민들에 대한 사회안전망을 놓아버린 것이나 다름없었다. 농민들은 이미 지방관청의 돈－곡물 매매 이식사업으로 타격을 입고 있었는데, 중앙정부는 이러한 부조리에 대해서는 어떠한 해결책도 내어놓지 않은 채 중앙정부가 안정적으로 수세할 수 있는 방식만을 찾았다.

이후 이식사업으로 농민들의 부담이 가중되는 모순은 지속되고 강화되었음은 충분히 예측할 수 있다. 비총제는 농본주의의 틀 안에서 조선의 중앙정부가 토지 생산물을 생산하는 농민과 어떠한 관계설정을 하고 있었는지를 명확히 보여주고 있다. 비총제는 농민들의 삶에 대해 책임을 지지 않으면서 최대한 정부의 수세 권한을 챙기려 했던 결과였다. 그리고 화폐의 상업적 대규모 유통의 기반이 자연스레 마련되어 있지도 않은 농촌에다 화폐로 수세하는 정책을 가했을 때 발생하는 제반 모순을 그대로 덮어버리려 한 정책이었다.

이 책에서는 전세 감축 이후 비총제가 실시될 때까지 150여 년간을 집중적으로 다루는 과정에서 조선후기에 화폐유통이 확대되는 모습에 보다 세밀하게 접근하였다. 중앙정부와 지방관청들은 자 기관의 재정 원을 확보하기 위한 방법으로 주전을 선호했으며, 이식사업의 이득을 얻기 위해 곡물과 화폐를 교환하는 작전 과정을 거쳤다. 이렇듯 조선 후기 대부분의 지방에서 대규모 화폐유통의 주체는 관청이었다.

호조 또한 재정 수입원을 확대하기 위한 방법으로 작전수세를 넓혀 나갔으며 이러한 호조의 정책은 전세를 납부해야 하는 농민들에게 부담을 가중하는 결과를 낳았다. 즉 화폐유통의 확대라는 환경이 전제된 후 호조가 전세를 돈으로 걸었던 것이 아니었다.

농민들이 추수를 통해 얻을 수 있는 것은 돈이 아니라 곡물이었다. 선행 연구자들에 의해 조선후기의 시장발달이 언급되고 있기는 하지만, 시장의 형성이 그나마 활발하였던 곳은 서울지역이었고 나머지 대부분 지역들은 소규모 필요품만 장시에서 거래되는 정도였고 농업이 전체 산업을 거의 차지하고 있었다. 농민들에게는 조세를 낼 만한 다량의 돈이 없었다. 돈으로 전세를 내기 위해 농민들은 시장에 자신의 곡물을 내다 팔아야 했던 것이다. 대다수 농민들의 곡물-돈 교환은 窮迫販賣 형태를 벗어나기 힘들었다. 이렇듯 돈의 유통은 돈이 유통될 만한 환경이 선행되지 않은 채 농민을 窮迫하면서 이루어지고 있었다.

화폐유통을 주도하고 이를 통해 농민을 窮迫하는 가장 대표적인 주체는 지방관청이었다. 특히 대규모 화폐유통과 이식사업의 주도권은 지방관청의 아전이 아닌 수령이 잡고 있었다.[1] 관청에 저치해 놓은 다

---

1) 지방관청의 이식사업과 관련하여 이서층의 역할을 강조하는 일련의 연구들이 있다. 이러한 연구들은 이서층이 새로운 사회경제적 현상 즉 상품화폐경제를 민감하게 받아들이고 체득하여 이를 이용할 수 있는 계층이었던 것으

162

량의 곡물을 가지고 타 지역까지 연계해 가며 하는 이식사업을 한낱 아전들이 수령의 눈을 속여 가며 할 수 있을 리 만무했다. 수령들은 급재를 통해 이식사업의 자본인 곡물을 구비할 수 있었는데, 급재 요청 시에는 관찰사의 도움까지 받았다. 관찰사마저 수령과 한편이 되어 곡물-화폐유통 사업에 뛰어들기 일쑤였다.

정리하자면, 조선후기의 화폐유통은 관청이 조세수납의 허점을 이용해서 돈과 곡물을 독점하고 농민들을 窮迫하는 방식으로 이루어졌다. 그리고 호조의 전세제도 운영은 관청들의 농민 窮迫을 용인하는 방향이었고, 나아가 호조는 비총제를 실시하여 전세제도를 이용한 지방관청의 이식사업을 무마하는 것으로 종결지었다.

19세기는 농민항쟁의 시대였다. 기존의 연구에서는 이러한 결과가 오기 전 시기인 17~18세기에 대해 새로운 방식의 경제체제 출현 즉 상품화폐의 발전 그리고 신분제도의 변동으로 상인 등 새로운 계층의 성장 혹은 이서층의 농간으로 기존의 관 체제가 무너졌다고 설명하는 경향이 주류를 이룬다. 사회의 새로운 변화들이 모여 한 시대가 해체되는 과정에서 농민항쟁이 발발하였다는 해석이다.

물론 그러한 면도 없지 않았겠지만, 이 책에서는 호조가 전세수납과 관련한 행정적인 절차를 지방관청에게 일임하는 방식으로 일관되게 전세제를 운영하면서 화폐가 유통될 토대가 없는 농촌에 무리하게 화폐를 유통시킴으로써 농민들에게 고통을 가중하였던 것으로 파악하

로 묘사하다. 하지만 수령의 허가 없이 다량의 곡물을 이서층이 몰래 이식사업에 이용한다는 것은 현실적으로 가능하지 않았다. 물론 곡물을 옮기는 등 실무를 볼 때 이서층이 포흠을 할 수 있었음은 충분히 짐작 가능하다(張東杓, 「19세기 前半期 吏胥層의 中間逋欠과 地方財政」, 『釜大史學』 10, 부산대학교 사학회, 1986 ; 張東杓, 「19세기 地方財政運營의 構造에 관한 一 研究」, 『釜大史學』 19, 부산대학교 사학회, 1995 ; 張東杓, 「조선후기 '民間逋欠'의 전개와 그 성격」, 『釜大史學』 13, 부산대학교 사학회, 1989).

였다. 화폐라는 하나의 제도가 새로울 뿐 이 제도를 운영하는 여타 기반들은 바뀐 것이 없었다는 사실은 주목될 필요가 있다. 조선후기의 일련의 변동들은 새로운 변화들이 시도되고 서로 부딪히면서 생성된 것이라기보다는 이전 시기의 제도의 고착화가 깊어진 결과였다.

참고문헌

1. 1차 사료

『居官大要』   『居官要覽』
『經國大典』   『大典通編』
『大典會通』   『萬機要覽』
『百憲總要』   『府先生案』(東萊)
『賦役實摠』   『邊例集要』
『備邊司謄錄』   『續大典』
『承政院日記』   『朝鮮王朝實錄』
『增補文獻備考』   『秋官志』
『度支田賦考』   『度支志』
『通文館志』   『版籍司謄錄』

2. 참고 논저

강제훈, 「朝鮮初期 國庫穀의 還上 운용」, 『韓國史學報』 5, 고려사학회, 1998.
高錫珪, 「16·17세기 貢納制 개혁의 방향」, 『韓國史論』 12, 서울대 국사학과, 1985.
權乃鉉, 『朝鮮後期 平安道 財政運營 硏究』, 고려대학교 박사학위논문, 2003.2.
具玩會, 『朝鮮後期의 守令制運營과 郡縣支配의 性格』, 경북대학교 박사학위논문, 1992.
金蓮玉, 「韓國의 小氷期 氣候-歷史 氣候學的 接近의 一試論」, 『地理學과 地理敎育』 14, 서울대학교 지리교육과, 1984.
金蓮玉, 「歷史속의 小氷期」, 『歷史學報』 149, 역사학회, 1996.

金玉根, 『朝鮮王朝財政史研究』I, 一潮閣, 1984.

金容燮, 「朝鮮後期의 水稻作技術」, 『亞細亞研究』7-1, 고려대학교 아세아문제연구소, 1964.

金容燮, 「朝鮮後期 軍役制의 動搖와 軍役田」, 『東方學志』32, 연세대학교 국학연구원, 1982.

金友哲, 「均役法 施行 前後의 私募屬 研究」, 『忠北史學』4, 충북대학교 사학회, 1991.

金潤坤, 「大同法의 施行을 둘러싼 贊反 兩論과 그 背景」, 『大同文化研究』8, 성균관대학교 대동문화연구원, 1971.

羅鐘一, 「17世紀 危機論과 韓國史」, 『歷史學報』94·95합집, 역사학회, 1982.

文勇植, 『朝鮮後期 賑政과 還穀運營』, 景仁文化社, 2001.

박소은, 「17·18세기 戶曹의 倭館收稅策 변화」, 『朝鮮時代史學報』14, 조선시대사학회, 2000.9.

朴星來, 「李泰鎭교수 "小氷期(1500~1750) 천변재이 연구와 『朝鮮王朝實錄』", 『歷史學報』149, 역사학회, 1996.

朴鍾守, 「16·17세기 田稅의 定額化 과정」, 『韓國史論』30, 서울대 국사학과, 1993.

方基中, 「17·18세기전반 금납조세의 성립과 전개」, 『東方學志』45, 연세대학교 국학연구원, 1984.

方基中, 「조선후기 군역세에 있어서 금납조세의 전개」, 『東方學志』50, 연세대학교 국학연구원, 1986.

方基中, 「19세기 前半 租稅收取構造의 特質과 基盤-貨幣收奪문제를 중심으로-」, 『國史館論叢』17, 국사편찬위원회, 1990.

배재홍, 「18세기 말 정조연간 강원도 삼척지방의 이상기후와 농업」, 『大邱史學』75, 대구사학회, 2004.

小葉田淳, 『金銀貿易史の研究』, 法政大學出版局, 1976.

宋亮燮, 「19세기 良役收取法의 변화-洞布制의 성립과 관련하여-」, 『韓國史研究』89, 한국사연구회, 1995.

宋亮燮, 「均役法 施行 以後 軍役制 變動의 推移와 洞布制의 運營」, 『軍史』31, 國防軍史研究所, 1995.

송양섭, 「조선후기 군역제 연구현황과 과제」, 『조선후기사 연구의 현황과 과제(姜萬吉敎授停年紀念)』, 창작과비평사, 2000.

宋讚燮, 「19세기 丹城縣의 還穀問題와 釐正策」, 『擇窩許善道先生停年紀念

韓國史學論叢』, 1992.

송찬섭, 「숙종대 재정 추이와 경자양전」, 『역사와 현실』 36, 한국역사연구회, 2000.6.

宋贊植, 「李朝時代 還上取耗補用考」, 『歷史學報』 27, 역사학회, 1965.

신임철・이희일・권원태・정효상, 「고기후학의 관점에서 바라본 현재의 기후변화」, 『한국기상학회지』 41, 2-1, 한국기상학회, 2005.

安達義博, 「十八~十九世紀前半の大同米・木・布・錢の徵收・支出と國家財政」, 『朝鮮史研究會論文集』, 朝鮮史研究會, 1976.3.

梁晋碩, 『17, 18세기 還穀制度의 운영과 機能변화』, 서울대학교 박사학위논문, 1999.

염정섭, 「숙종대 후반 양전론의 추이와 경자양전의 성격」, 『역사와 현실』 36, 한국역사연구회, 2000.6.

吳永敎, 「朝鮮後期 地方官廳 財政과 殖利活動」, 『學林』 8, 연세대학교 사학연구회, 1986.

吳仁澤, 『17・8세기 量田事業 研究』, 부산대학교 대학원 사학과 박사학위논문, 1996.

오일주, 「조선후기 재정구조의 변동과 환곡의 부세화」, 『實學思想研究』 4, 무악실학회, 1984.

柳承宙, 「朝鮮後期 對淸貿易의 展開過程」, 『白山學報』 8, 백산학회, 1970.

柳承宙, 『朝鮮時代 鑛業史研究』, 고려대학교 출판부, 1993.

윤성호・이정택, 「기후변화에 따른 벼 적정 등숙기간의 변동과 대책」, 『한국농림기상학회지』 3권 1호, 한국농림기상학회, 2001.

李榮薰, 「朝鮮社會 經濟史 研究의 現況과 課題」, 『朝鮮時代 研究史』, 韓國精神文化研究院, 1999.

李源鈞, 「朝鮮時代 守令職 交遞實態」, 『釜大史學』 3, 부산대학교 사학회, 1979.

李章雨, 「朝鮮初期의 損實敬差官과 量田敬差官」, 『國史館論叢』 12, 국사편찬위원회, 1990.

李哲成, 「肅宗末葉 庚子量田의 實態와 歷史的 性格－比摠制로의 변화와 관련하여」, 『史叢』 39, 역사학연구회, 1991.

李哲成, 「18세기 田稅 比摠制의 實施와 그 성격」, 『韓國史研究』 81, 한국사연구회, 1993.

李泰鎭, 「소빙기(1500~1750년)의 천체현상적 원인－『조선왕조실록』의 관련

기록 분석-」,『國史館論叢』72, 국사편찬위원회, 1996.

李泰鎭, 「小氷期(1500~1750) 천변재이 연구와 『朝鮮王朝實錄』-global history의 한 章」,『歷史學報』149, 역사학회, 1996.

李泰鎭,「장기적인 자연재해와 전란의 피해」,『한국사』30, 국사편찬위원회, 1998.

李賢淑,「16~17世紀 朝鮮의 對中國 輸出政策에 관한 연구」,『弘益史學』6, 홍익대학교 사학회, 1996.

이호철·박근필,「19세기초 조선의 기후변동과 농업위기」,『朝鮮時代史學報』2, 조선시대사학회, 1997.

張東杓,「19세기 前半期 吏胥層의 中間逋欠과 地方財政」,『釜大史學』10, 부산대학교 사학회, 1986.

張東杓,「조선후기 '民間逋欠'의 전개와 그 성격」,『釜大史學』13, 부산대학교 사학회, 1989.

張東杓,「19세기 地方財政運營의 構造에 관한 一 硏究」,『釜大史學』19, 부산대학교 사학회, 1995.

鄭萬祚,「朝鮮後期의 良役變通論議에 對한 檢討-均役法 成立의 背景-」,『동대논총』7, 동덕여자대학교, 1977.

鄭善男,「18·19세기 田結稅의 收取制度와 그 運營」,『韓國史論』22, 서울대학교 국사학과, 1990.

鄭演植,「17·18세기 良役均一化政策의 推移」,『韓國史論』13, 서울대학교 국사학과, 1985.

鄭演植,「朝鮮後期 賦稅制度 硏究現況」,『韓國中世社會解體期의 諸問題』, 한울, 1987.

정연식,「均役法 施行 이후의 지방재정의 변화」,『震檀學報』67, 진단학회, 1989.

鄭亨愚,「大同法에 對한 一 硏究」,『史學硏究』2, 한국사학회, 1958.

鄭亨芝,『朝鮮後期 賑恤政策 硏究-18世紀를 중심으로』, 이화여자대학교 박사학위논문, 1993.

鄭允炯,『朝鮮王朝後期의 財政改革과 還上問題』, 서울대학교 박사학위논문, 1985.

趙珖,「19世紀 民亂의 社會的 背景」,『19世紀 韓國傳統社會의 變貌와 民衆意識』, 고려대학교 민족문화연구원, 1982.

車文燮,「壬亂以後의 良役과 均役法의 成立」,『史學硏究』10·11, 한국사학

회, 1961.

車文燮, 「均役法의 실시」, 『한국사』 13, 국사편찬위원회, 1978.

최돈향·김보경·신문식·남정권·정진일·김기영·오명규·하기용·고재
　　　권·이재길, 「일균기온 특성에 따른 통일한국의 지역별 벼 생육기간
　　　분포」, 『한국농림기상학회지』 5권 3호, 한국농림기상학회, 2003.

韓明基, 「17세기초 銀의 유통과 그 영향」, 『奎章閣』 15, 서울대학교 규장각,
　　　1992.

한영국, 「湖西에 實施된 大同法」(上)·(下), 『歷史學報』 13·14, 역사학회,
　　　1960.10·1961.5.

한영국, 「湖南에 實施된 大同法」(上)·(二)·(三)·(四), 『歷史學報』 15·20·
　　　21·24, 역사학회, 1961.9·1963.4·1963.8·1964.7.

한영국, 「대동법의 실시」, 『한국사』 13, 국사편찬위원회, 1978.

찾아보기

172